비주얼머천다이징 시대의

무인점포

서정화 지음

비즈프레스

머리말

현재 ICT(전자정보기술)는 급속도로 변화하고 발전하고 있다. 이에 따르는 4차 혁명, 온라인화, 과학적 지식 기반의 발전으로 인하여 소비자의 욕구변화에 빠르게 대응해야 하는 유통업계의 소비환경 변화는 시시각각 가속화되고 있다. 최근에는 이러한 유통환경의 변화에 따라 다른 소매점에 비해 편의점이 선두적으로 변모된 형태를 보여주고 있다. 또한 다양하고 전문화된 상품 구색을 갖춘 노래방, 빨래방, 호텔 등 그 외 소매업이 속속 등장함에 따라 경쟁이 심화되고 무인점포가 등장하였다.

현재 무인점포는 고객에게 호기심을 불러일으키고 자유롭고 신기한 체험을 하는 공간이면서도 한편으로는 미숙한 사용법, 복잡한 절차, 무인에 대한 불편한 인식 등 막연한 공포를 자아내고 있는 것도 사실이다. 그러나 무인화 현상은 지속적으로 확대되고 있는 상황이며 발 빠르게 대처하지 않으면 국내 골목상권은 대기업과 해외 기업으로부터 눈 깜짝할 사이 잠식될 수도 있을 것이다. 이러한 상황에서 무인점포는 일반 점원이 있는 점포 못지않게 최대한 고객이 쉽고 편리하게 이용하여야 한다. 또한 상품 판매가 용이할 수 있도록 조성되어야한다. 이를 위해서 무인점포는 기존의 점포보다 더욱 비주얼머천다이징(Visual Merchandising)이 필요하다. 체계적인 비주얼머천다이징으로 관리된 무인점포라면 기존의 점포 못지않은 편의성을 제공할 수 있기 때문이다.

이 책은 비주얼머천다이징의 관점에서 현재 운영되고 있는 일반 소매점과 무인점포의 비주얼머천다이징 필수요소를 분석하여 향후 무인점포의 비주얼머천다이징이 어떠한 방향으로 발전해야 할지 모색해 보았다. 국내에서 무인점포 운영 시행 중 발생되는 효과와 문제점을 분석하여 비주얼머천다이징 관점에서 운영자와 이용고객에게 개선되고 유익할 수 있는 무인점포 운영 모델을 제시함으로써 급변하는 소매유통의 흐름에 미래상을 보여줄 것이다.

필자가 제시한 목적을 달성하기 위한 조사 분석 방법은 다음과 같다. 먼저, 국내외 유통환경 변화와 소매 업태의 진화에 대해 살펴보고 비주얼머천다이징 관점에서 소매업 비주얼머천다이징의 구성요소를 도출하였다. 두 번째, 비주얼머천다이징 관점에서 운영시스템 유형을 분석하기 위해 약 15개월 동안 해외 무인점포 운영시스템 사례와 국내 소매유통점의 운영시스템 유형을 분석하였다. 세 번째, 유통 전문가, 마케팅 전문가, 비주얼머천다이징 전문가, 머천다이징 전문가 등 3~4명의 전문가집단을 구성하여 경쟁 소매점 3개소와 유인편의점 3개소, 무인점포 3개소를 현장 방문하여 운영자와 방문 · 이용자의 증언 등을 토대로 현장 조사를 실시하였다. 네 번째, 이를 토대로 머천다이징 영역, 인테리어 영역, 디스플레이 영역으로 분류된 비주얼머천다이징의 필수 요소를 적용한 새로운 무인점포의 운영시스템 모델을 제안하였다.

실제 사례를 바탕으로 조사 분석하여 도출한 결과는 다음과 같다. 비주얼머천다이징 관점에서 국내의 소매업, 편의점, 무인점포를 사례 분석한 결과 현재의 무인점포 운영시스템은 개선안이 필요한 것으로 결론내릴 수 있다. 그에 따라 주거 밀집지역 상권, 학교 밀집지역 상권, 오피스 밀집지역 상권의 세 가지 형태의 입지상권의 형태로 구분하여 운영 시스템 모델을 제시하였다. 구체적으로 머천다이징 영역에서는 입지 및 상권, 브랜드 아이덴티티, 상품구성 및 레이아웃, 인증시스템, 상품정보 인식 및 관리, 구매 및 결재시스템, 보안시스템, 판매원, 프로모션과 기타 서비스를 제시하였고, 인테리어 영역에서는 구조적 공간, 집기, 조명, 음향, 파사드, 디스플레이 영역에서는 VP, PP, IP, POP의 개선방안을 제시하였다. 그에 따라, 이런 개선활동의 결과는 무인점포 운영 시 방문·이용자석 측면에서는 편의성과 쾌적한 쇼핑을 향유할 수 있고, 운영자적 측면에서는 운영비절감과 효율적 매장관리 및 인력난을 해소할 수 있으며, 사회적 측면에서도 효과적으로 자원 활용이 가능할 것으로 기대할 수 있다. 그에 따라 인간의 직업 상실에 대한 두려움과 같은 부정적 측면에서 바라보며 소극적으로 대처하기보다는 긍정적 측면에서 활용할 수 있는 방법으로 접근할 때 미래에 대한 공포는 줄어들 것으로 추측한다. 이러한 무인화 현상은 어차피 다가올 현실이기 때문이다.

그러나 무인점포와 관련한 유통시장의 변화는 너무나도 빨라서 이 책을 독자 여러분들이 다 읽는 즈음에는 제시하는 방안이 실행중이거나 더 단순한 도구로 대체될 수 있음을 염두하였으면 한다. 오히려 저자가 제시하는 도구나 명칭을 효과적 측면에서 이해하면 좋을 것이다.

'마지막으로 무인점포의 모델제시를 위하여 필자가 수년간 걸쳐서 연구한 결과를 종합한 내용을 중심으로 비주얼머천다이징의 의미와 국내 유통시장의 흐름을 명확하게 규명하고자 노력했다.'

특히 본 책은 필자가 박사학위 논문을 보완하고 편집하여 재정립한 내용임을 밝히는 바이다.

끝으로 본 도서를 편찬할 수 있도록 도움을 주신 추일재 사장님께 깊은 감사의 말씀을 드리고자 한다.

2019년 7월 1일

저자 서정화

차 례

제4부 무인점포의 유형 분석

제5부 무인점포 비주얼머천다이징 개선방향 논의

제1부

논의의 시작

제1장 논의의 배경과 의의

1. 논의의 배경

지금은 새벽 1시. 한적한 국도를 운전하다 졸음이 쏟아져 휴게소를 찾았다. 다행히 화장실은 개방되어 있었지만, 아무도 없는 공중화장실은 혼자 들어가기 겁이 났다. 날은 춥고 출출해서 따뜻한 커피나 국물이 몹시 생각나서 매점으로 향했다. 매점은 문이 잠겨있고 불이 꺼져있어 어두웠다. 잠긴 문에는 "오전 9시 개점, 오후 9시 패점" 이라는 팻말이 걸려있었다. 당신이라면 다시 이 휴게소를 찾고 싶을까? 아마도 이전 영업시간대에 이용한 경험이 있었다면 다시 찾을 수도 있을 것이다. 그러나 이날이 첫 방문이었다면 적어도 이 시간에는 피하고 싶은 곳으로 기억할 것이다.

여기 또 한 곳이 있다. 사람이 붐비는 상권에서 약간 벗어나 있는 연수원이 있다. 주변 환경은 산과 바다로 둘러싸여있어 서핑, 낚시 등을 할 수 있고 쾌적하여 연수원 내에 매점을 열었다. 그러나 성수기가 지나 비수기가 되면서 고객수가 확연한 차이를 보였다. 상시 근무자를 구하기도 매우 어려웠다. 수요가 많지 않아 비수기 때에는 운영비 부담이 크다. 그러다보니 결국 패점을 할 수 밖에 없었다.

여러분이 점주라면 어떤 대안을 찾을 수 있을까?

현재 전자정보기술(ICT: Information an Communication Technology)의 변화와 발전은 소비자의 욕구변화에 빠르게 대응해야 하는 유통업계의 소비환경에도 큰 변화를 가져오고 있다.

엘빈 토플러(2006)는 발전과 변화의 속도를 달리는 자동차에 비유했는데, 시속 100마일의 속도는 미국의 기업이나 사업체, 시속 90마일은 NGO와 같은 미국의 시민단체, 시속 60마일은 미국의 가족형태, 시속 30마일은 미국의 노동조합, 혹은 노동조합의 쇠퇴를 말하고 있고, 시속 25마일 속도로는 정부 관료기관과 규제기관으로 보았다. 이보다 못 미치는 것은 시속 10마일의 미국 학교가 있고, 시속 5마일에는 UN (United Nations: 국제연합), 세계무역기구(WTO, World Trade Organization)와 같은 정부간국제기구라고 하였다. 그러나 더 느리게 변화하는 곳이 정치조직이라 하였다. 이에 따라 최고로 느리게 변하는 것이 바로 '법'이라는 것이다. 이러한 변화의 근본은 디지털 혁명에 국한되지 않고, 과학적 지식기반이 근본적인 변화를 초래한다는 것이다.

예를 들면, 버스, 택시, 지하철, 주차장, 톨게이트, 관공서, 자판기, 대학식당 및 편의점 요금 등의 소액 상품 혹은 수수료를 교통카드 한 장으로 경제적으로 처리할 수 있는 대금 결제방식의 보편화를 들 수 있다(Cho, 2002). 더 나아가 자체적으로 개발한 간편 결제시스템을 활용하는 유통업체도 차츰 증가되고 있다. 최근 국내에서는 서울시와 지자체, 금융회사, 민간 간편 결제서비스 사업자가 협력하여 도입한 제로페이를 확대하고 있다.

일반 소규모 식당이나 백화점 푸드코드 입구에는 고객이 직접 현금 혹은 신용카드를 이용하며 터치스크린 메뉴를 조작하는 무인판매기와 셀프서비스를 제공하고 있다. 고속도로 휴게소 공중화장실은 사용 중 여부를 알 수 있는 디지털 안내도를 입구에 설치하여 고객의 대기시간이 단축된다.

[그림 1-1] 사용 중 여부를 알 수 있는 디지털 안내도

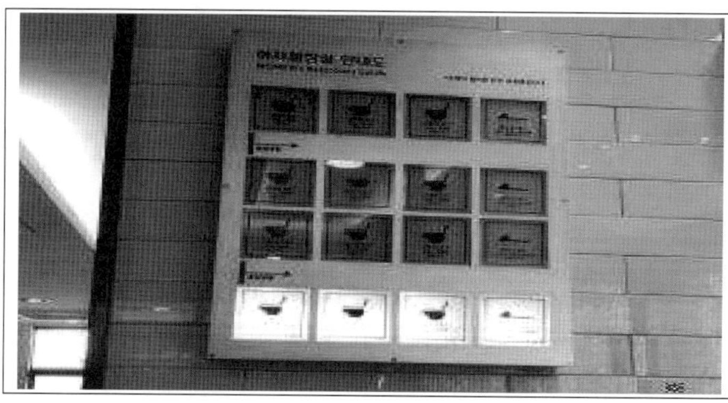

사람이 있을 때와 실내온도를 감지하는 인공지능(AI: Artificial Intelligence) 기술을 탑재한 에어컨이 있고, 사람의 목소리를 듣고 명령을 실행하며 정보를 제공할 뿐 아니라 농담을 주고받을 수 있는 음성인식 스피커와 같은 사물인터넷(Internet of Things)을 활용한 가전제품이 우리의 일상생활을 보다 윤택하게 하고 있다.

특히 최 일선 유통채널로 고객과의 접점이자 차별화된 편리성(convenience)의 개념으로 도입된 편의점에 주목해보자!

편의점은 1989년에 대한민국에 도입되었다. 아파트 밀집지역이나 역 부근 등 사람과 차량소통이 많은 곳에 위치한다. 각종 생활용품을 판매하며 주로 24시간 영업을 하고 있다.

근래에는 구급약, 택배, 우편서비스를 온·오프라인으로 병행 운영한다. 이로서 낮에만 운영하는 택배와 우편서비스를 야간에 집근처에서도 이용가능하게 되었고, 온라인에서 구입한 상품은 집근처 250m 반경 내에 있는 해당 편의점에 방문하여 쉽게 찾을 수 있다. 하지만 비슷한 형태의 다양하고 전문화된 상품구색을 갖춘 소매점 여럿이 속속 등장하면서 편의점의 경쟁은 갈수록 심화되고 있다. 일정 반경 내에도 브랜드가 다른 여러 편의점이 개설되는 등, 수요·공급의 균형이 깨지기 시작하면서 편의점 수도 과포화상태에 이르렀다. 즉, 최근의 편의점은 기본적인 상품구색이 이뤄짐에도 불구하고 서비스, 가격과 함께 상품구색과 편의성이 비교되면서 매출저하, 운영난, 폐점의 주요 원인이 되고 있는 것이다(CVS, 2018; KOTRA, 2018).

편의점 업계에서는 이러한 문제점의 해결 방안으로 모색된 것이 무인화된 편의점이나 스마트 편의점인 것이다. 이미 해외의 무인점포는 직원을 대상으로 하거나 국한된 지역에 시범적으로 운영 한 후 문제점을 보완하면서 향상된 모습으로 실제 일반인 사용이 가능한 매장으로 다시 재탄생하는 속도가 점차 빨라지고 있다. 세계 대표국가 곳곳에서 편의점을 중심으로 무인점포의 시도가 구체적으로 이뤄지면서 체계화되고 있다. 이미 온라인 시장은 편의점을 포함한 다른 유통업계에서도 높은 비중을 차지하고 있고 유통업계의 ‘무인(無人)’ 현상은 점차 늘어나는 추세이다(Park, 2017). 이러한 기술력은 자율주행자동차 기술, 인공지능, 딥러닝(Deep Learning: 컴퓨터 스스로 외부 데이터를 통해 학습) 기술 등이 바탕이 되어 무인택배함, 무인빨래방, 무인화된 호텔 등도 생겨났다.

반면에 이러한 '무인(無人)' 현상을 두려워하고 기피하는 의견도 만만치 않다.

제일 우선적으로 일자리 창출에 부정적 역할을 줄 수 있다는 우려가 있다. 기계가 사람을 대신할 때 일자리를 뺏겨서 결국 사람이 설 자리를 잃게 될 것이라는 우려인 것이다.

두 번째, 시행되고 있는 무인점포 중에는 고객과 직원과의 직접적인 소통이 없으므로 삭막한 쇼핑환경에 대한 불만의 소리가 있다. 직원이 있는 경우 상품의 정보나 위치를 문의할 수 있고, 그날의 안부를 물어주며 반갑게 인사를 하며 교감하는 대면판매에 비해 최근 시행 중인 무인점포는 그러한 것이 충분히 충족되지 않는다는 것이다.

세 번째, 까다로운 가입절차나 고객 스스로 숙지해야 하는 사용법은 ICT에 익숙하지 않은 고객에게는 결재방식이 복잡하다는 인식을 초래하고 있다. 국내의 기존 무인점포의 경우 미리 신분에 대한 확실한 정보를 얻고자 회원등록을 해야만 입점 가능한 경우가 있다. 어떤 경우는 IC칩이 내장되어 있는 카드를 소지해야만 입점이 될 수도 있다. 또한 결재를 위해서는 여러 단계의 경로를 거쳐야만 한다. 결국 이런 상황은 고객 유입과 매출까지 부정적 영향을 줄 수 있다는 것이다.

하지만 그럼에도 불구하고 갈수로 치열한 유통시장의 경쟁,

'온라인 활용, 무인시스템 등 새롭게 직면하는 문제는 더 이상 피할 수 없는 현실이 되고 있다. 따라서 무인점포가 적절한 환경과 상권에서 운용이 된다면 고객의 입장에서는 비대면을 요구하는 상품의 경우 지극히 개인적인 치수나 상태를 공개하지 않아도 편안한 구입이 가능하고 입점에서 구매와 결제의 절차가 단순하다면 대기시간 단축의 편의성을 얻을 수 있다. 영업시간 외에는 이용이 어렵거나 불편했던 금융, 택배, 물품 관리 등의 서비스를 거주지와 가까운 곳에서 쉽게 이용이 가능하다면 보다 편리한 생활환경이 예측된다. 운영자 입장에서는 인건비 절감과 구인 문제를 해소할 수 있고 직원의 안전이 문제시 되는 입지에서도 안전성을 높여 운영이 가능하다. 그로 인해 순수익의 증가를 얻을 수 있을 것이다.'

따라서 무인점포가 효과적으로 운영되며 다른 유통업체와 경쟁하기 위해서는 기존의 소매점과 같은 모습을 고수해서는 안 된다. 유통환경의 변화 흐름에 맞추면서 고객과 운영자에게 동시에 유익하거나, 동시에 양 측에 이익을 줄 수 없다면 이득을 얻지 못하는 반대쪽에는 최소한의 불편함을 감수하도록 해야 할 것이다. 즉, 무인점포 운영은 편의적 영역에서 최대한 효과를 발휘해야 할 뿐 아니라 유인 소매점과 견주어서 보다 매력적으로 다가와야 한다.

그렇다면 소비환경변화에 따라 치열한 경쟁에서 우위를 차지하려면 어떠한 방법이 효과적일까? 기존의 유통업계는 최대한 매출을 창출하고 기업이익을 극대화하기 위해 최첨단시스템의 다양한 홍보방법을 활용하고 있다. 그 중 비주얼머천다이징은 크게 주목받고 있는 분야이다. 훌륭한 전문 직원을 대신하여 경쟁 점포와 차별화될 수 있다는 이유로 폭넓게 활용되고 있다. 또한 비주얼머천다이징은 고객과 브랜드의 상호간 커뮤니케이션하는 연결고리이며 상품을 홍보하고 구매 욕구를 자극하는 수단으로의 역할이 크다(Youn & Kim, 2017). 더욱이 비주얼머천다이징은 의류, 잡화와 같은 업종, 백화점과 같은 소매 유통업체뿐 아니라 사무실, 예식장, 다양한 용도로 활용할 수 있는 회의실, 도매상가, 복합 상가, 호텔에 이르기까지 점차 다양한 공간과 범위에서도 중요성이 확대되고 있다. 여러 분야와 업태에 관한 연구에서 이와 같은 내용을 밝히며 이를 증명하고 있다(Sou & Lee, 2009).

그런데 흥미로운 것은 국내 편의점의 비주얼머천다이징 중요성을 다룬 연구는 다른 소매업태보다 비교적 적다. 그러한 요인은 출발 당시의 고속성장 요인을 유통시장 경쟁이 심한 요즘에도 정확한 현황분석 없이 이어져온 탓은 아닐까한다.

이전의 프랜차이즈 편의점은 다른 소매점에 비해 다양한 상품구색과 편의성으로 차별화되었다. 대기업 운영사의 기획과 관리감독으로 편의적 영역에서 타 소매점보다 뛰어났기 때문에 다른 소매점보다 빠르게 성장하게 되었고 선두적인 매장관리와 운영이 가능하였다.

그러나 현재는 상품구색과 서비스 영역에서 전문화된 점포나 차별화된 컨셉의 시스템을 갖춘 소매점이 늘어났다. 이제 고객은 기존의 편의점이 가진 편의성과 상품구색만이 독보적이고 차별화된다고 느끼지 않는다. 더 이상 예전의 고속성장을 기대하기란 어렵게 되었다. 이 상황을 모면하기 위한 방책으로 편의점은 유통시장 변화와 점포환경에 대한 치밀한 분석 없이 기존의 관행대로 운영하면서 무인시스템을 도입하고 있는 상황이다.

그러나 무인점포는 일반 유인 소매점 이상의 편리함을 유도하고 상품 판매가 용이할 수 있도록 조성되어야한다. 이것은 무인점포가 유인 소매점보다 비주얼머천다이징이 더욱 중요하다는 것을 의미한다. 왜냐하면 비주얼머천다이징은 훌륭한 직원을 대신하는 역할을 하기 때문에 체계적인 비주얼머천다이징으로 관리된 무인점포라면 기존의 유인 소매점 못지않은 편의성을 제공할 것으로 보여진다.

아직까지 국내 편의점의 비주얼머천다이징에 관한 선행논의가 미비하지만 한정적으로 시행된 사례가 있다. 편의점 발생 초기에는 “편의점의 진열효과에 관한 유사실험연구“에서는 편의점 내의 충동구매 제품은 눈높이 라인이 존재한다고 보고하였다 (Kim & Kang, 1995). 이어서 Hyun, Lee, and Lee (2014)는 “편의점 성장 시뮬레이션을 통한 편의점 운영효율화 정책”에 관한 연구에서 작은 면적 규모에 많은 상품의 구색을 갖추어야 하는 편의점의 시스템 특성상 진열 품목의 전략적 선택이 중요한 효율적 점포관리 요소라고 보았다. 상품구색과 효율적 진열에 관한 중요성이 강조된 연구라고 볼 수 있다.

또한, 먼 거리 보다는 가까운 곳에서 언제든지 편리하게 이용할 수 있으며, 고객을 분석하여 선호하는 상품을 쉽게 찾고 구매하기 용이하게 할 때 편의점의 매출이 상승된다고 보고된 바가 있다(Kim, Kim, Im, Choi, & Lee, 2015). 편의점은 상권에 대한 분석이 선행되어야만 매출상승으로 이어진다고 본 것이다.

한편 Sim and Beun (2012)은 "편의점 디스플레이를 통한 콘텐츠 및 광고태도에 관한 연구"에서 편의점 디스플레이에 관한 조사를 하였다. 구매시점에서 즉각적인 구매효과를 일으키는 매체에 대해 소비자는 단순한 비주얼이나 콘텐츠 영역에서 자극을 받을 뿐 아니라 음향과 같은 효과에도 유의한 영향을 받는다는 것이다. 여기서 구매시점에서 즉각적인 구매효과를 일으키는 광고는 POP(Point of Purchase)를 의미하는데, 즉 편의점의 POP는 기존의 형태에서 더 나아가 디지털 사이니지(Digital Signage)가 유의한 효과가 있었다는 연구이다.

Lee(2014)의 연구에서는 국내총인구수 감소세에도 불구하고 방문횟수의 증가는 내점객수 증가로 이어지기 때문에 시장 포화 최대 편의점 수가 증가된다고 확인하였다. 이는 인구수의 증가보다 한 사람이 자주 편의점을 방문하게 하는 것이 영향력이 더 크다는 것을 나타낸다. 고객 당 편의점 방문 빈도를 증가시킬 수 있는 마케팅전략과 개발 및 실행하는 것이 내점객수 감소세를 완화시킬 수 있는 대안이 될 수 있을 것으로 보았다.

그에 따라 무인화시스템을 도입한 편의점을 중심으로 경쟁 소매점의 실제 비주얼머천다이징 현황을 조사하였다. 이는 사회과학적 분석을 토대로 효과적인 무인점포의 운영시스템을 마련하고자 함이다. 더 나아가 향후 소매점의 차별화된 마케팅 대안을 얻고자 함이며 시장 환경의 급속한 변화에 적절하게 대응하고자 한다.

2. 논의의 목적

이 책은 비주얼머천다이징의 관점에서 현재 편의점과 경쟁 소매점의 운영시스템 필수 요소는 어떠한 것인지 분석하여 향후 무인점포의 운영시스템과 소매점은 어떠한 방향으로 발전해야 할지를 모색하는데 목적이 있다.

구체적으로 소매업은 위치하는 장소, 입지에 따라 상품 비중이 다르고 매출이 변하므로 서비스, 상품관리 특성에 맞는 매장 내부 뿐 아니라 외부까지 포함된 디자인은 매우 중요하다 볼 수 있다. 따라서 세계적으로 기술 생성형 서비스((Technology-Generated: 서비스 제공자는 셀프서비스형태로 고객에게 기술을 제공) 접점으로 변화하고 있는 시점에서 해외와 국내의 무인점포의 운영 실태를 살펴보고 무인화 되어가는 소매업태의 변화 흐름에 대한 인식의 중요성을 파악해보고자 하였다. 이로 인하여 상품구색과 크기의 다양성을 가질 수 있는 국내의 편의점 중심 무인점포의 현재 상태를 진단하고, 일자리 감소의 사회적 문제, 인력난의 양날이 칼과 같은 문제점과 고객과 운영자의 요구사항을 더하여 향후 무인점포의 나아가야 할 방향제시를 하고자 한다. 이로써 소매유통발전을 도모하고자 한다.

이 책의 논의 목적에 따라 기대되는 성과는 다음과 같다.

첫째, 유인 소매점과 무인점포의 운영시스템의 차이를 확인할 수 있을 것이다.

둘째, 비주얼머천다이징 관점에서 바라본 소매점의 효과적인 운영시스템의 요소를 도출할 수 있을 것이다.

셋째, 현재 운영되고 있는 무인점포에 필요한 개선사항을 도출할 수 있을 것이다.

넷째, 비주얼머천다이징 관점에서 바라본 무인점포 운영시스템의 필수요소를 도출할 수 있을 것이다.

다섯째, 비주얼머천다이징 관점에서 요구사항과 필수 요소를 적용한 효과적인 무인점포 운영시스템 모델을 제시할 것이다.

제2장 서술의 방법 및 대상

1. 논의 접근방법

이 책은 비주얼머천다이징 관점에서의 무인점포의 운영시스템을 제안하는데 그 목적이 있다. 이를 달성하기 위하여 유통 전문가, 마케팅 전문가, 비주얼머천다이징 전문가, 머천다이징 전문가 등 3~4명으로 구성된 전문가집단이 조사를 수행하였다.

이 책의 논의 방법은 크게 문헌상의 자료와 선행연구를 통한 이론적 고찰을 한다. 이어서 사례분석, 현장방문 조사 및 비교분석과 모델 제안으로 나뉘며 다음과 같은 흐름으로 이루어진다.

먼저, 이론적 고찰은 국내외 유통환경변화와 소매업태의 진화에 관하여 살펴보고자 하였다. 국내외 유통환경의 변화 중 전통상거래와 전자상거래에 관해서는 선행 연구를 살펴보았다. 소매업태의 발전과정 중 무인시스템과 무인점포에 관해서는 국내 선행연구가 거의 미비한 상태이고 국내외의 유통시장 또한 급변하는 상황이었다. 따라서 각종 보고서 및 문헌, 신문기사, 공식 홈페이지 등을 참조하였다. 이어서, 소매업운영시스템과 비주얼머천다이징의 중요성과 역할을 파악하기 위하여 이를 뒷받침 할 수 있는 각종 문헌과 여러 분야에서 보는 비주얼머천다이징에 관한 선행연구를 살펴보았다. 이를 바탕으로 비주얼머천다이징 관점에서 매출에 영향을 줄 수 있는 공통되고 상향된 요소를 분석하고 소매업 운영시스템의 필수 구성요소를 도출한다. 하위

구성요소는 국내 실정에 맞아야하므로 국내연구를 주요 근거로 삼았다.

이후 비주얼머천다이징관점에서 무인점포의 운영시스템 연구모델을 이끌어내기 위하여 사례연구와 현장방문조사를 실시하였다.

사례 논의는 비주얼머천다이징 관점에서 해외 무인점포 운영시스템에 관하여 대표적인 해외 3개국의 무인점포를 중심으로 살펴보면서 유형을 분석하였다. 이를 위하여 각종 신문기사, 공식 홈페이지 등을 참조하였으며 실제 방문 이용객의 증언을 토대로 조사 연구하였다. 해외사례 3개국은 무인점포의 오랜 역사를 가지고 있고 실제 운영 중인 대표적 국가인 일본과 상품구입에서 결재까지 장바구니 없이 Non-Stop으로 한 번에 가능한 무인점포의 시범 운영을 끝낸 미국 및 현재 공공장소에 설치되어 기존의 유인 편의점보다 더 저렴한 운영비를 제시하기도 하고 그 외 다른 브랜드의 무인점포가 실용화되고 있는 중국을 대표대상으로 선정하여 사례 조사하였다.

현장방문 조사 및 분석은 비주얼머천다이징 관점에서의 국내 소매점의 운영시스템에 관하여 조사하였는데, 표본 조사 대상 점포에 대한 관련 담당 부서와의 상담과 현장방문 및 협조 촬영 그리고 도면 제작이 이루어졌다. 국내 소매업 점포 3개소와 편의점 3개소, 무인점포 3개소의 총 9개소를 대상 표본으로 현장 방문 하였다. 현장 조사 연구 내용은 전문가 평가, 방문·이용자 평가와 운영·기업의 평가로 나누어 직접 면담과 평가지를 통해 면밀히 관찰하고 분석하였다.

이 과정을 통해 기존의 무인점포 운영시스템에서 간과한 구성요소를 알아보고 이를 보충하여 해당 비주얼머천다이징 개선안에 근거한 무인점포의 운영시스템 전략을 제시할 것이다.

비주얼머천다이징 관점에서 해외 사례를 바탕으로 국내 소매점과 편의점 그리고 무인점포의 운영시스템을 현장방문 조사하여 비교분석하고 개선된 모델 제안을 위한 연구의 틀은 다음과 같다.

첫째, 비주얼머천다이징의 영역 중 머천다이징 영역에서 전문가는 소재지와 면적 등 입지나 상권, 평면레이아웃, 상품구성 및 레이아웃, 인구 수, 입객수를 조사 연구하였다. 방문 · 이용자 평가는 동선, 인증시스템, 상품정보 인식 및 관리, 구매 및 결재시스템, 보안시스템, 판매원, 결재시스템 등을 이용 고객 대상으로 직접 면담 조사 연구하였다. 운영 · 기업의 평가에서는 브랜드 아이덴티티, 보안, 직원 수, 실 매출, 프로모션과 기타 서비스 등을 운영기업을 대상으로 직접 면담 조사하였다.

둘째, 인테리어 영역에서 전문가 평가는 공간의 구조적 영역으로 바닥, 벽, 천정 등 마감재와 색깔, 매장 파사드(façade)를 조사하였다.

디스플레이 영역에서는 VP(Visual Presentation), PP(Point of Presentation), IP(Item Presentation) 영역에서 진열과 연출, POP(Point of Purchase), 소도구와 광고 안내물 수량과 여부, 음향, 차음 등 소음, 냄새와 전반적 분위기 등 작성한 평가지로 심층 의견 수렴하였다.

끝으로 결론과 함께 분석한 필수 요소를 토대로 새로운 무인점포의 운영시스템 모델을 기획하여 제안하였다

소매업태 현황의 조사와 기사는 실증 연구 조사 시점에 맞추어 가장 최근의 자료를 기반으로 하였다.

2. 논의 범위와 대상

이 책의 연구 범위는 선행연구와 사례를 통해 비주얼머천다이징 관점에서 운영시스템을 논의하기 위해서 소매점의 비주얼머천다이징의 가장 핵심이 되는 비주얼머천다이징 구성요소를 분석하는 것으로 한정하였다. 세부적으로는 머천다이징 영역, 인테리어 영역, 디스플레이 영역으로 분류하여 전반적인 이해를 바탕으로 논의하였다. 이로써 무인점포와 소매점의 운영시스템을 각각 분석하고 상호 비교한 후 무인점포의 운영시스템 모델을 제시하고자 하였다. 시간적 범위는 해외사례와 무인점포 및 소매업태 현황의 조사는 2017년 8월 15일에서 2018년 11월 15일까지 약 15개월 동안 실시하였고, 국내 무인점포를 중심으로 소매점에 관한 논의를 위한 현장방문 조사는 2018년 06월 01일에서 2018년 07월01일까지 약 1개월 동안 조사하였다.

공간적 범위는 현장방문 조사 시 다음과 같은 기준으로 적용대상지를 선정하였다. 서울시와 수도권에 소재하고, 편의점과 유사하게 식품을 포함한 상품군을 구비하고 판매하는 조건을 한정하여 조사하였다.

연구 대상은 대표 무인점포가 3개소이므로 비교대상인 소매점과 일반 편의점도 3개소를 연구대상 표본으로 선정하여 현장 조

사하였다.

먼저, 경쟁 소매점 중 지역의 개인 슈퍼마켓 N점, 대표적인 기업형 수퍼마켓(SSM:Super Super Market: 대규모 유통 기업에서 체인 형식으로 운영하는 슈퍼마켓)의 H사의 P점, 소비자가 출자하여 만든 소비자생활협동조합인 전문형 소매점 S사의 S점을 대상으로 선정하여 비주얼머천다이징 관점에서의 국내 소매점 운영시스템 사례 연구를 실증 조사하였다.

두 번째, 프랜차이즈 편의점의 대표 3사중 국내 편의점의 시초인 L사의 D점, 프랜차이즈 편의점 중 전년도 매출이 가장 높은 G사의 G점, 소비자의 욕구에 맞춰 2018년 올해 새로 리뉴얼한 C사의 U점을 연구 표본으로 선정하여 비주얼머천다이징 관점에서의 국내 편의점 운영시스템 사례를 실증 조사하였다.

마지막으로, 국내 대표적인 무인점포 3곳을 조사하였다. 그중에서 발 빠르게 무인시스템을 도입하여 일반 편의점 형태에 일부가 아니라 매장 출입부터 결제까지 모든 시스템이 무인화 운영되고 있고 자판기형태의 집기와 현금 결제가 가능한 O사의 I점, 일반편의점과 동일한 상품을 판매하며 담배자판기가 있는 E사의 J점, 세계최초의 정맥인증시스템을 갖춘 L사의 L점을 조사표본으로 선정하여 비주얼머천다이징 관점에서의 국내 무인점포 운영시스템 사례표본으로 선정하여 실증 조사하였다.

제 2 부

유통환경의 개관

제3장 유통환경의 변화

유통(Distribution)이란 “생산자로부터 소비자에게 재화와 용역(서비스)를 이전하는 장소 · 시간 · 소유의 효용을 창조하는 인간의 경제적 활동”이다(Youn, Kim, & Namkung, 2004). 또한, Youn et al.(2004)은 생산과 소비를 잇는 경제활동으로서 공급업체로부터 최종 소비자로 이어지는 하나의 유통시스템 혹은 유통경로시스템이라 하였으며, 유통은 제조업체가 생산한 제품이나 서비스가 흘러가는 단순한 경로가 아니라 새로운 가치와 소비를 창출하는 토대가 된다고 하였다.

유통은 크게 나누어서 상적유통과 물적유통으로 나눌 수 있다. 상적유통은 세분한다면 상적유통은 도매와 소매로, 물적유통은 창고업, 화물운송업 등으로 나눌 수 있다. 이 책에서는 상적유통 중 소매 위주로 논의하였다.

1. 해외 유통환경 변화

전통상거래의 변화

오늘날 유통환경은 매우 급격하게 변화하고 있고 정보처리 기술과 발전과 통신 네트워크 기술의 발전으로 인하여 공간적 제약과 시간적 제약이 소멸되는 글로벌 시장경제체제로 전환되었다. 소비자는 인터넷의 확산에 따라 다양한 상품정보를 손쉽게 수집 · 비교할 수 있게 되면서 소비패턴은 고객 특성별로 상이하게 변화하였고, 특히 시간의 개념을 중시하는 경향으로 변화하였다. 기업들은 정보와 통신기술의 진전에 따라 고도의 정보시스템을 구축하고 운영함으로써 다양한 소비자의 욕구를 충족시킬 수 있는 맞춤 형태 능력을 확보하게 되었다. 또한, 유연한 생산 시스템, 빠른 물류 시스템 및 고효율의 수·발주 시스템 등과 같은 단위 시스템들을 통합 운영함으로써 전문화, 차별화된 경쟁 전략을 내세우게 되었다.

홈쇼핑과 온라인몰 등장으로 유통환경의 새로운 영역이 추가되었고 스마트폰 확산으로 SNS, 모바일시장이 주도하면서 온·오프라인의 경계가 붕괴되고 있다. 또한, 유통산업이 발전하면서 공급망 체인의 물류가 중요하게 급부상하였다. 유통의 카테고리와 물류공급망 배송시스템이 진화하면서 기존 3세대 물류센터가 자동화율이 50%수준이며 제4세대 물류 센터는 온라인전용 물류로 자동화율이 90%까지 진입하고 있다.

한편 소비자들은 다양한 정보 수집을 바탕으로 더욱 다양하고 고도화된 소비패턴을 지향하며, 제품의 수명주기는 점차 단축되고 있는 실정이다. 이로써 유통환경은 경쟁이 심화되고 비용증가와 지속적인 혁신의 요구에 따라 복잡성이 증대되는 방향으로 전환되어, 결과적으로 경영의 불확실성이 증대가 되었다(Cho, 2002).

전자상거래의 변화

2000년 이후의 온라인 유통업의 전개 패턴의 특징은 오프라인과 온라인의 융합형태를 띠고 있는 점이다. 유통업은 전통상거래인 “오프라인 유통업”에서 2000년대에 들어와서 급속도로 전자상거래인 “온라인 유통업”이라는 새로운 유통업 형태로의 전환이 가속화되고 있다. 즉, 오프라인 유통업이 온라인 유통업화하는 상태로 진화가 되고 있다.

소매 산업만큼 큰 시장은 없을 것이다. 시장 조사 전문기관인 ‘리서치 앤 마켓(Research and Markets)’에 따르면 2015년 소매 산업의 매출 규모는 22.6조 달러에 이른다. 참고로 2005년부터 2015년까지 연평균성장률은 3.8%이다. 이러한 추세가 2019년까지 지속한다면, 2019년에는 28조 달러 매출 규모를 형성하게 된다.

시장 조사 기관 ‘PMR (Persistence Market Research)’에 따르면, 2013년 식료품 시장은 약 5.6조 달러이다. 2020년까지 연평균 6.1%로 성장하여 약 8.5조 달러 시장을 형성할 전망이다. 소매 산업 시장규모의 30%에 달하는 수치이다. 현재의 온라인 유통업의 전개 패턴 중 전자상거래 시장의 성장이 눈에 띈다. 2012년부터 2019년까지 연평균 성장률이 23%에 이를 것이기 때문이다. 그런데도 전통 소매 시장 비중은 여전히 크다.

미국의 경우, 마트가 차지하는 매출액 비중은 35%에 달한다. 다수의 온라인 유통업이 본격적으로 오프라인 유통업과 경쟁체제를 구축하기에 이르렀다. 이는 식료품 때문으로 볼 수 있는데, 식료품이 전자상거래에서 저렴하더라도 신선도와 같은 품질이 중요하기 때문에 소비자는 매장에 직접 방문해서 구매하는 것을 더 선호한다.

아마존(www.amazon.com)은 1994년 개설된 이래 여러 유통기업 들이 온라인 유통업으로 진출이 가속화된 시기가 1997년부터 2000년 이전까지 급속히 전개되었다. 이를 이미 잘 알고 있는 아마존은 다양한 사업 전략으로 전자상거래가 가지는 식료품의 한계를 극복하고자 노력했었다. 아마존 프레시(Amazon Fresh)가 그중 대표 사례이다.

아마존 프레시는 식료품 신선도를 유지하기 위해 냉장 기능을 가진 트럭으로 식료품을 배송해주는 서비스이다. 2003년 미국 워싱턴주 시애틀에서 시범사업을 6년간 거친 뒤에, 2013년에는 애틀랜타, 보스턴, 시카고, 휴스턴, 로스앤젤레스, 런던 등 6개 도시로 사업을 확장했다. 시도는 좋았으나, 전통 소매 시장에 진출하기에는 역부족이었다. 미국 언론사인 시애틀 타임스 (Seattle Times)는 아마존 프레시만으로는 전통 소매 시장에 진출하기는 어렵다고 분석했다. 이러한 이유 때문인지, 아마존은 작년 9월에 유기농 소매상 '홀푸드(WholeFood)'를 약 137억 달러에 인수했다.

작년 5월부터는 아마존 프레시 픽업 서비스도 시작하였다. 픽업 서비스는 소비자가 온라인으로 식품을 구매한 뒤, 매장에 방문해서 구매 식품을 찾을 수 있는 서비스이다.

아마존은 여기서 그치지 않고, 작년 1월부터는 '아마존 고(Amazon Go)'라는 혁신적인 서비스를 운영하고 있다. 아마존 고는 계산대 직원이 없는 매장으로서, 계산대를 지나가기만 하면 자동으로 계산되기 때문에 줄 서서 기다리는 불편함이 없다. 참고로 아마존은 이를 '저스트 워크아웃 기술 (Just Walkout

Technology)'라고 명명했다. 사물인터넷과 인공지능 기술이 활용되고 있는 것으로 알려져 있는데, 매장 내에는 수백여 대의 카메라 센서를 비롯한 각종 센서가 설치되어 있다. 이러한 센서는 구매자를 관찰하면서 어떤 물품을 구매하는지 확인한다. 가방에 넣었다가 제 자리에 갖다 놓아도, 센서는 이를 인식해서 구매물품 목록에서 자동으로 삭제한다. 각종 센서에서 오는 정보를 받아들여서 구매 여부 판별은 인공지능이 담당하고 있는데, 자율주행 자동차에 활용하고 있는 인공지능이 비슷하게 적용된 것으로 알려져 있다. 미국의 아마존은 전통 소매 시장을 공략하기 위해서 아마존 고와 같은 서비스를 운영 중이다. 그리고 소비행위 패턴을 연구하기 위한 목적도 있다. 조지아 대학교의 알바로 베도야 교수(Alvaro Bedoya)는 아마존 고의 센서로부터 아마존은 온라인 매장보다 더 많은 정보를 얻을 수 있게 됐다고 말했다(You. 2018).

중국의 경우 전통 소매상 비중이 높다. 그리고 중국의 경우 전자상거래와 전통 소매상이 함께 빠르게 증가하고 있다. 2012년부터 스마트폰이 본격적으로 보급되면서 시작된 중국 모바일 결제액은 현재 전체 결제액의 약 60%이상으로 세계에서 가장 큰 모바일 결제시장이 형성되고 있다. iiMedia Reaserch에 따르면 2018년 상반기에 중국의 모바일 결제 사용자 80%가 매일 소액 결제 위주의 페이기능을 사용한다. 대표적인 중국의 모바일 결제 알리페이와 위챗페이는 온라인 쇼핑몰은 물론이고 오프라인 쇼핑몰, 택시, 시장, 노점에서도 사용 가능하며 한국, 일본 등 해외에서도 사용가능한 상점이 있다. 그 중 알리바바그룹에서 만든 알리페이는 단순 결제순단을 넘어 생활 서비스, 공공서비스, 금융 자산관리, 소셜 네트워크, 사회봉사 등 다양한 분야를 아우르며 발전하고 있다. 이러한 중국의 결제시스템은 자연스럽게 무인점포를 증가시키게 했다 해도 과언이 아니다.

2013년에 설립된 중국의 빙고박스 (Bingo Box)는 작년 11월 기준으로 29 도시에 200여 개의 무인매장을 열었다. 올해 5,000여 개 매장을 개설하는 것을 목표로 하고 있다. 빙고박스도 아마존 고와 비슷한데, 소비자는 계산대 출입구에 스마트 폰으로 인증한 뒤 매장에 들어갈 수 있다. 그리고 상품을 고르면 된다. 다만 다른 점은 계산대에 물건을 두어서 결제를 해야 한다는 점이다. 물론 구매 물건 파악은 자동으로 이뤄지고, 결제만 수동으로 진행하면 된다. 만약에 구매되지 않은 물건을 들고 빠져나오려고 한다면, 빙고박스는 이를 인식해 문이 열리지 않고 구매하지 않은 물건을 구매하라는 음성 안내 메시지가 나온다.

일본은 중국과 다른 이유로 무인점포가 성장하고 있다. 일본은 심각한 구인난으로 부족한 매장 직원을 충원하는 것이 목표이다. 참고로 작년 12월에 일본은 44년 만에 최고로 구인난에 시달렸다. 이러한 이유로 일본의 3대 편의점 기업 로손은 2016년 12월부터 파나소닉과 함께 무인점포 사업을 진행하여 2025년까지 계산원 없는 편의점을 전국으로 확산하는 것을 목표로 하고 있다.

2. 국내 유통환경 변화

전통상거래의 변화

1997년 IMF외환위기 이후 외국 유통업체와 국내의 대형 유통업체들이 앞 다투어 저가의 좋은 점포 부지 매입에 나섰다. 이러한 부지 선정 열기는 유통업계의 판도의 재편을 가져올 수 있는 큰 요인으로 작용하였고, 일부 국내 대형 유통업체는 현재까지도 선두를 고수하게 된 결정적 요인이 되었다. 최근 일부 중·소도시는 대형 유통 소매점 출점 규제의 노력을 하고 있고, 정부는 대형마트의 출점으로 인한 전통시장과 중·소유통업 등 기존 상권과의 마찰을 줄이고자 노력하고 있지만 미흡한 부분이 많다.

기존 대형마트는 상권과 상권의 경쟁이라면, 대기업 계열 슈퍼마켓을 지칭하는 SSM(Super Super Market)은 기업형 슈퍼마켓' 으로 불리며 상권 내 경쟁으로 24시간 영업을 하면서 편의점과 경쟁하는 상황으로 전개되었다.

규모로 볼 때 일반 프랜차이즈 편의점과 견줄 수 있는 일반 소매점으로서는 정부에서 마련한 개인 슈퍼마켓인 '나들가게'가 생겼다.

대형 유통업체들은 인터넷(Internet)망과 기존의 오프라인(Off-Line)망을 연결하여 고객편의성 재고에 노력 중이다. 백화점, 대형마트, 편의점, 기협형 수퍼마켓(SSM)은 물론 개인 슈퍼마켓인 나들가게는 물류센터, 체인본부, 상품공급사 등 다양한 상품공급처에 손쉽게 발주하고 배송 받는 온라인 수·발주시스템을 운영하고 있다.

이처럼 소매점은 소매환경에 크게 의존하기 때문에, 소매 환경이 어떠한 방향으로 흘러가느냐에 따라서 소매업태는 다양화되고, 새로운 업태가 등장하면서 계속 진화할 것으로 보여 진다.

전자상거래의 변화

국내도 해외와 마찬가지 모바일 결재, 구매. 온라인 홈쇼핑. 보편화. 무인점포 편의점. 쿠팡 빠른 결재. 열차 예매 경우 카드 스캔, 바로 인식, 온라인 예매 뿐 아니라 결재 방식도 단순화하여 한 두 단계만 거치면 된다. 택배 서비스도 온라인에서 확인 가능하다. 편의점, 온라인 예매, 물품 확인이 가능하다. 현재 국내의 편의점도 온라인 구매 후 오프라인에서 구입가능하다. 무인점포는 간편 결제가 가능하고 온라인 구매가능하고, 우체국 우편물도 배송 과정 온라인에서 확인 가능하고, 옥션 지마켓 등 온라인 쇼핑몰도 구매 결재, 배송 확인이 가능하고, 카드와 무통장 입금, 계좌 결재가능하다.

우리나라에서의 본격적인 온라인유통업은 1996년부터라고 할 수 있다. 롯데닷컴과 인터파크가 온라인상에 쇼핑몰을 개설하면서부터이다. 온라인 직거래의 저해요인을 Lee et al. (2000)와 Choi(2005)등의 연구로 온라인 직거래가 활성화되는 초창기에 소비자 보호제도 및 환불절차, 결제시스템과 물류비용 등 표준화와 규격화의 어려움이 있었다. 그러던 중에 1990년대 급팽창한 대형마트 규제 후 e-커머스 전자상거래가 쇼셜 커머스인 모바일 상거래가 본격화 되면서 모바일 린백족(늦은밤 모바일 쇼핑하는 사람들)과 나오미족(젊어 보이려는 중장년 여성), 그루밍족(외모와 의류 및 미용 품을 반복 구매하는 남성), 쇼루밍족(오프라인에서 상품보고 온라인에서 구매)등 고객정보를 세분화한 방식의 DLS(dynamic lifestyle segment)시스템이 등장했다.

스마트폰 진화는 NFC(Near Field Communication)결제방식으로 소비자가 스마트폰으로 상품대금을 지불하고 매장결제기로 할인쿠폰과 관련제품 추천정보를 받아서 사용하는 쌍방향서비스가 가능하여 상권경계의 공간개념이 사라지고 있다.

최근 국내에 제로페이가 등장했다. 물론 제로페이가 나오기 이전부터 유통업체별로 사용하고 있는 모바일 페이가 있었지만, 2018년 12월 정부와 서울시가 30억원을 투자해 만든 '수수료 0원', '소득공제 40%'의 간편 결제 서비스는 매우 획기적이다. 그럼에도 불구하고 현재 국내는 중국만큼 모바일페이 시스템이 확산되지 못하고 있다. 이유는 중국이 현금에서 바로 QR코드로 진행된 결제 방식의 흐름과 달리 현금에서 신용카드로 넘어간 결제 환경이 그 영향으로 보인다. 그러나 지속적인 정부의 제도 개선이 있다면, 충분히 활성화가 될 수 있고, 제로페이의 활용은 앞으로 확장될 것이 분명하다.

한국온라인쇼핑협회(KOLSA)에 따르면 국내 온라인시장 매출은 2004년 7조7681억 원에서 2014년에 인터넷과 모바일을 합친 온라인 쇼핑거래액이 55조원으로 전년보다 11% 증가했다고 밝혔다. 이 중 약17조원 정도가 모바일쇼핑 플랫폼시장이다. 미래는 TV가 아닌 모바일 홈쇼핑시대로 모바일중심의 사고에 대한 전략이 관건이 되는 것이다.

미래의 시장 전개패턴은 〈표 3-1〉과 같다.

[표 3-1] 미래의 시장 전개패턴

구 분	전자상거래시장영역	주도기업의 판매유형영역
1996년 전	닷컴기업 등장 (Amazon- 1995년, eBay - 1995년)	IT기업주도 (중개형)
1997년 ~2000년	전통기업 반격 (Bams & Noble - 1997년)	IT기업주도 (중개형)
2001년 현재	온라인 : 오프라인융합 (e-business 최적 조합화)	IT기업 : 유통기업 공존 중개형 유통업
미 래	플랫폼 기업	유통기업 구조 (유통업형)

Source: Youn and Kim (2017b)등 선행연구를 바탕으로 연구자 재구성

특히 모바일 거래액이 2013년 5.9조원에서 2015년 13.2조원으로 급성장했다. 온라인쇼핑거래금액도 2015년 48조대로 오프라인을 넘어 쇼핑시장 전체를 이끌어갈 전망이다(National Statistical Office, 2015). 소비자의 소비패턴이 온라인 상거래, 모바일 상거래, 오프라인 매장 간 융합방식으로 진화하여 쇼셜커머스 2.0시대에 돌입하면서 백화점 유통도 이제는 아마존과 경쟁하는 시대이며 편의점은 온라인 몰과 배송을 경쟁하는 시대다. 또한 온·오프라인 유통채널을 융합한 옴니채널의 시대적 현상은 옴니채널 쇼퍼가 미래핵심고객이기 때문이다. 인공지능(AI)이 상권의 공간개념에서 터치개념으로 발전하고 있다. 또한 머신러닝의 진화는 소비자에게 맞춤형 상품을 제시한다. 그리고 고객의 구매패턴과 원하는 상품을 추천하여 현재와 다르게 구매

하는 방식을 제공하여 쇼핑의 편의를 높여서 소비자의 새로운 가치창출이 디지털기술을 바탕으로 상권변수에서 공간변수로 진화될 것이다(Lee, 2015)

따라서 e-쇼셜 커머스의 옴니채널 쇼퍼 붙잡기가 소매업계의 새로운 경쟁 국면이 되고 있다. 옴니 채널은 소매업계의 뉴 플랫폼으로 핀테크는 융복합 산업으로 IOT, O2O등과 같이 기존 금융 산업에 접하지 못한 새로운 비즈니스모델이다. 핀테크(fintech)는 파이낸스(finance)와 테크놀로지(technology)를 융합 첨단 IT기술의 비대면 방식으로 접목하여 소매산업 발전에 견인차 역할을 할 것으로 보여진다. 옴니채널의 O2O 플랫폼은 도심 집중형 대형소매점 상권보다 지역밀착형 상권에서 강력한 힘을 발휘하며 O2O경쟁은 핀테크와 물류선진화의 플랫폼이 재구축되고 있다. 4차 산업혁명시대에 부합되는 스마트한 소매환경의 변화속도가 업태간의 경쟁이 가속화되고 있는 것이다.

제4장 소매 업태의 발전과정

1. 소매업태의 정의

유통업은 소비자로부터 정확한 수요 정보를 수집하여 생산으로 제공하기 위한 업무를 가진다. 국내 유통업계의 경우도 정보화시대의 진전과 유통 혁신에 따라 다양한 형태의 소매업태 위주로 발전해 오고 있다. 본 소매업태에 대한 논의를 진행하자면 업종과 업태에 대한 의미부터 이해해야한다. 유통업에 있어서 영업 형태를 세분화하면 업태와 업종으로 나눌 수 있다(Lee, 2009).

유통업에서 업종은 '소매업의 종류'라는 의미로 '무엇을 판매하는가(What to sell)?' 를 의미한다. 가전판매점, 의류점, 채소가게, 생선가게, 정육점, 가구점 등 상품 종류에 의한 분류이며, 생산자적 영역의 관점으로 이해할 수 있나. 업태는 '소매업의 유형'이라는 의미로 '어떠한 방법으로 판매 하는가(How to sell)?' 를 의미한다. 백화점, 수퍼마켓, 편의점, 전문점, 드럭스토어 등 마케팅 포인트에 따른 분류이며, 소비자구매행동과 관련한 판매 시스템적인 관점으로 이해할 수 있다(Cho & Youn, 1998). 이와 같은 소매업의 업종과 업태의 개념적 이해는 〈표 4-1〉와 같다.

일본의 경우 1960년대 이전에는 업태를 업종에 포함된 개념으로 해석하면서 업태라는 개념이 등장했지만, 1980년대를 거치면서 지금의 업태 개념이 분화되었다. 즉, 처음 전통적인 업종점이 근대화됨에 따라 전략적으로 접근하면서 업태점이 출현하게 된 것이다. 따라서 업태는 소매점이 근대화되면서 시작되었다고 해도 과언이 아니다.

[표 4-1] 유통업의 업종과 업태의 비교

구분	업종	업태
의미	소매업의 종류, 무엇을 판매 하는가(What to sell)	소매업의 유형, 어떠한 방법으로 판매 하는가(How to sell)
종류	가전판매점, 의류점, 채소가게, 생선가게, 정육점, 가구점 등	백화점, 수퍼마켓, 편의점, 전문점, 드럭스토어 등
분류 방법	상품 종류에 의한 분류	마케팅 포인트에 따른 분류
관점	생산자 관점	소비자구매행동과 관련한 판매시스템

Source: Youn and Kim (2017b) 등 선행연구를 바탕으로 연구자 재구성

일본공정거래위원회는 '업태란 영업 형태화로 지적하고 점포의 형태, 거래상품의 종류, 판매정책, 일반소비자의 구매의식의 차이'라고 정의했다. 일본소매업협회은 '업태란 소비자의 구매 관습 변화에 대응한 소매업자의 영업형태이고 업종은 소비자의 지향적인 분류'라 정의했다. 결국 근대화 이전에 업태라는 용어가 중요하지 않았으나 근대화가 되면서 체계적인 업태전략의 중요성이 대두되었다. 국내의 Youn and Kim (2017a)은 "업태란 마케팅포인트(Formula)로부터 분류하는 것이고 업종을 초월한 개념"이라고 보았다.

국내에서도 업태라는 용어는 근대적인 슈퍼마켓이나 백화점의

등장으로 종종 사용되었으나, 본격적인 국내 업태 용어 사용은 1990년대 초반부터이며, 유통산업발전법 제정으로 1997년부터 처음 법에 등장하였다.

종전법인 도·소매업진흥법상에는 업태라는 용어 대신 대규모 소매점의 종류로 표기하였다(Youn & Kim, 2017b).

사전적인 의미로는 '영업이나 사업의 형태'라고 한다. 해외에서는 '소매업의 유형'을 "Types of Retailer"라 표기하고, 이를 백화점(Department Store), 슈퍼마켓(Supermarkets), 창고형 소매상(Warehouse retailers), 전문형소매상(Speciality Retailers), 온라인 소매상(e-tailer), 할인형 소매상(Discount Retailer), 편의형 소매상(Convenience Retailer) 등의 7가지 소매업태로 구분하기도 한다(The Reseller Network, 2016). 주요 소매 업태 중 먼저, 백화점(Department store)은, 취급상의 상품품종의 종합성을 갖고서 판매상품과 연관된 각종 서비스를 제공하고, 부문별 조직형태의 채택하여 문화 및 여가기능을 제공하는 점포를 말한다. 규모는 7,000㎡ 이상으로, 취급상품은 주로 패션잡화, 패션의류, 패션생활용품 등과 추가적으로 식품류 등도 취급한다.

두 번째로, 수퍼마켓(Supermarkets)은 일반소매점보다 10% 내외의 상시 저렴한 가격을 유지하는 셀프서비스 방식의 소매점포를 말한다.

수퍼마켓은 크게 세 가지로 나눌 수 있는데, 1,000㎡ 미만 규모로 일반소매점보다 상시 10%내외 저렴한 슈퍼마켓(SM), 1,000~3,000㎡ 미만 규모로 일반소매점보다 상시 10%내외 저렴한 대형슈퍼마켓(SSM), 3,000㎡ 이상 규모로 일반소매점보다 상시 10%내외 저렴한 종합슈퍼마켓(or 대형마트)으로 구분할 수 있다.

세 번째로, 창고형 소매상(Warehouse Retailers)은 일반적으로 소매 또는 비즈니스 건물 등의 임대료가 저렴한 지역에 위치해 있다. 도매가격에 준하는 할인 가격에 소구하고, 상품구매 및 운영 원가를 최대한 낮추는 구조로 운영한다.

네 번째로, 전문형 소매상(Speciality Retailers)은 의류 및 패션 상품, 가전제품 등 스포츠용품 등 특정 상품군 만을 취급하는 소매점포를 말한다.

다섯 번째로, 온라인 소매상(E-tailer)은 무점포 소매업(Non Store Retailing)이라고도 하며, TV홈쇼핑, 인터넷쇼핑몰, 기타 소매업으로 나눠서 설명할 수 있다.

여섯 번째로, 창고형 소매상은 다양하나 창고형 가구점, 회원제도 소매점, 카달로그점 등이 있다. 창고형 가구점은 가격 수준에 따라 특정 상품부문에 전문화하고 그 상품은 타 점포보다 다양하고 풍부한 상품과 상시 20% 이상 저가 상품을 취급하는 소매점포로 '카테고리킬러' 혹은, '할인전문점'이라고도 칭한다. 회원제도 소매점은 주로 식료품과 공산품, 잡화류, 가전제품, 생활용품 등 5,000종-10,000종의 박스상품 중심으로 취급하며, 일반 소매점보다 상시 20% 이상 저렴한 가격을 유지하는 셀프서비스 방식으로 운영하는 회원중심으로 도·소매점포이다. 카달로그점은 국내에서는 인구밀도가 높고 가까운 거리에 소매점이 밀집되어 있는 특징이나 실적이 매우 미미하다.

[표 4-2] 국내의 주요 소매 업태의 분류

구 분		국내 주요 소매 업태
1. 백화점(Department Store)		가격, 입지, 상품으로 백화점을 구분 고급백화점(롯데, 신세계), 할인백화점(세이브존) 등
2. 슈퍼마켓 (Supermarkets)	슈퍼마켓 (Super Market)	상시 10%내외 저가 판매하는 체인스토어형, 독립점포형 구분 해태슈퍼, 한화슈퍼, 일반 재래슈퍼점
	대형슈퍼마켓 (Super Super Market)	상시 10%내외 저가 판매하는 슈퍼마켓의 대형화 롯데슈퍼, GS슈퍼, 이마트 에브리데이
	종합슈퍼마켓 (General Super market; 대형마트)	상시 10%내외 저가 판매하는 슈퍼마켓의 종합화한 상품구성 이마트, 롯데마트, 홈플러스, 월마트, 까르푸
3. 창고형소매상 (Warehouse retailers)		상대적으로 저렴한 소매 또는 비즈니스 건물 등 최소한의 인테리어와 편리성을 유지하여 원가를 극소화한 점포, ABC마트 등
4. 전문형 소매상 (Speciality Retailers)	의류 전문점	패션 매장형과 아울렛 매장형 등으로 가격, 상품 패션백화점 앤비, 2001아울렛, NC백화점 등
	가전 전문점	가전제품 종합매장으로 전자랜드, 하이마트 등
	생활문화 전문점	북센터, 문구센터 등으로 교보문고 등
5. 온라인 소매상 (E-tailer)	인터넷쇼핑몰/ 쇼셜커머스	인터파크, 옥션, G마켓, 11번가, 티몬, 쿠팡 등
	TV홈쇼핑	CJ홈쇼핑, GS홈쇼핑, 우리홈쇼핑, 농수산TV, 현대홈쇼핑

6.할인형 소매상 (Discount Retailer)	회원제도 · 소매점(MWC)	상시 20% 이상 저렴하게 판매하는 회원제 할인점Membership WholesaleClub(코스트코,트레이더 등)
	카테고리킬러	상시 20% 이상 저렴하게 판매하는 할인형 점문점 상품의 폭을 줄이고 깊이를 넓히는 전략을 쓰면서 가격에 소구하는 점포
7.편의형 소매상 (Convenience Retailer)	편의점	편의품 중심 주거 밀착형 매장 세븐일레븐, GS25, CU 및 독립편의점
	드럭스토어	주거 밀착의 편의품과 H&B, 의약품을 취급하는 매장 등으로 CJ올리브영, GS 왓슨즈 등

Source: Youn and Kim (2017b) 등 선행연구를 바탕으로 연구자 재구성

일곱 번째, 편의형 소매상(Convenience Retailer)은 편의점(CVS; Convenience Store)과 드럭스토어(Drug Store)가 있다. 편의점이 대표적이며, 편의성 내지 편리성을 의미하는 소비자의 입장에서의 표현으로서 식료품과 일용잡화를 중심으로 2,500개에서 3,000개 내외의 상품취급, 주거지근처에 위치, 연중무휴, 심야 영업하는 방식으로 규모는 60m² ~130m² 의 소형 소매점포이다.

드럭스토어는 대부분 의약품을 중심으로 상품을 취급하지만, 화장품 및 담배, 일용잡화 등 일상용품도 함께 취급하며, 의약품을 제외하고는 셀프 서비스 방식으로 판매하는 방식으로 규모는 300㎡ 내외이다.

국내의 주요 소매 업태의 분류는 〈표 4-2〉와 같다.

Youn and Kim (2017)은, 편의점이란 “편의품 중심의 주거 밀착형 매장”으로 ‘연중무휴, 심야영업을 하며, 주거지에 근접해

위치하고, 가격대가 높은, 소매업태 중 하나'로 정의하였다. Berman, Evans, and Chatterjee. (1995)는 편의점을 선진국에서 발전된 체인스토어 형태로 정의하고, 일반적으로 고객에 편리한 위치에 입지하여 접근이 용이하고 24시간 영업으로 2,500개에서 3,000여 품목의 한정된 생활필수품 중심으로 셀프서비스형태의 판매방식을 채용한 업태라고 했다. 국내 사업 분류에서는 편의점을 단일 경영주체가 일정한 시설을 갖춘 매장에서 종합 상품 체인 공급자와 체인계약을 체결하고 편의점 운영에 필요한 식료품 및 담배위주의 각종 상품을 계속적으로 공급받아 24시간 판매하는 산업활동이라고 정의하고 있다.

이처럼 편의점은 체인스토어, 24시간 연중무휴 운영 등 시간적 제한을 받지 않으며, 생활필수품 위주의 소량 판매 등 다양한 상품과 서비스 및 고객과 가장 가까운 곳에 위치하여 공간적인 접근의 편리성을 제공하는 업종으로, 타 소매 업태와 구별되는 시스템 특성을 가지고 있기 때문에 효율적인 점포 운영을 위해서는 이 같은 특성을 고려한 전략 실행이 필수적이라 할 수 있다. 그리고 편의점은 생태 지형학적인 면에서 주거지와 접근성이 용이하다. 유통학적 면에서도 지속적인 신규 출점과 24시간운영시스템, fresh food상품믹스 및 모바일 영향이 적은 유통채널이라는 특수성이 있다(Jeong, 2016).

그 외, 업종점과 업태점으로 구분하기 어려운 소매시설이 있다. 소매시설은 업종점의 집합체로 직영이 대부분이라면, 전체점포를 하나의 매장으로 운영하는 경우는 업태점에 속할 수 있다. 그러나, 쇼핑센터(Shopping Center), 아울렛(Outlet Store), 상점가(Shopping Street; Shopping Mall), 그리고 전통시장(Traditional Market) 등의 업종점이나 업태점의 집합체 내지는 집합건축물은 업태에 포함 할 수 없으며, 단지 소매시설일 뿐이다.

쇼핑센터는 여러 업태점과 업종점(상점)이 집합해 있는 단순 건물집합체로 쇼핑센터 유형을 근린(Neighborhood)형, 지역(Community)형, 광역(Regional)형, 초광역(Super Regional)형 등 4가지로 분류할 수 있다.

아울렛은 재고상품의 판로점 즉, 처분점을 의미하며, 여러 업종점을 집합한 집합체 개념이 강함. 운영형태에 따라 직영 아울렛과 임대분양형 아울렛으로 구분. 운영주체에 따라 팩토리 아울렛과 유통점 아울렛으로 구분 할 수 있다. 상점가는 여러 업종점(상점)이 밀집한 상가 또는 쇼핑몰을 의미하며, 쇼핑몰(Shopping Mall)이란 원래 자동차를 못 들어오게 하는 보행자 전용 상점가를 말한다. 지하상가, 도로변상가, 쇼핑센터내의 쇼핑몰 등이 있다. 전통시장은 상품 및 서비스를 판매하는 다양한 업종점(상점)의 집합체를 칭한다. 원래 전통시장은 업태라기보다는 '업종점의 집합체'라고 봐야 정확하다. 하지만 최근에는 시장의 개발과 더불어 업태의 개념이 도입되고 있는 상태이다.

이로써 소매업태의 전략은 매우 중요하다. 소매업에서도 기업의 일차적이고 중요한 목적은 이익을 획득하여 계속적으로 기업으로서의 영위를 획득하는 것이다. 이러한 이익을 획득하기 위해서는 기본적으로 매출을 증가시키거나 비용을 감소시키는 것이 필연적이라 보인다. 소매업에서는 이 두 가지의 기본적 이익

창출을 위한 대안을 만족시키기 위해 제시되는 세부적 방안은 업태에 따라 다른 형태를 가질 것으로 추측된다. 그에 따라, Youn and Kim (2017)은 소매업 전략은 크게 가격 중심의 전략과 비가격 중심 전략으로 구분할 수 있다고 했으며, 이러한 전략에 따라 서로 다른 머천다이징을 계획하고 실시한다고 할 수 있다고 보았다. 가격 중심의 머천다이징은 유통비, 투자비, 경비 상품원가 등의 운영 비용을 최대한 줄여 소비자에게 저가격의 상품을 제공하기 위한 상품계획, 가격설정, 구매, 재고관리, 판매촉진 및 판매활동이다. 특히, 판촉 등의 판매활동보다는 상품계획, 구매, 재고분야에 집중적인 관리가 요구된다고 보았다. 이러한 예로 가격 중심의 머천다이징은 미국의 Price Club, Wal-Mart, 일본의 다이에, 프랑스의 Carrefour, 영국의 Tesco 등이 대표적이며, 국내에서는 롯데마트, E-Mart 등의 소매 업태를 들 수 있다.

소매업은 소비자 구매를 대행하는 기능이며 소비자의 특수한 주문을 생산자에게 연결시키는 구체적인 업무를 갖고 있을 뿐만 아니라 항상 소비자 입장에서 풍부한 상품의 구색을 갖춘다는 계획을 갖고 소비자가 필요로 하며 요구하는 상품을 구입하여 원하는 가격으로 상품을 제공해야 한다. Lee(2011)은 자영업 매출과 소득의 결정요인으로 종업원 수가 긍정적 영향을 미친다고 하였다. 보통의 프랜차이즈 편의점은 24시간 운영을 기본으로 하여 파트타이머 고용이 필수적이며 인건비가 전체 점포 운영비용의 절반에 가까운 48.5%를 차지하고 있다(CVS, 2018).

대부분 파트타이머 종업원이 일정 시간동안 상품 관리, 상품 수령, 적재 등 유통관리와 상품 결제, 매장 청소, 진열, 고객서비스 등 매장 관리를 담당하고 있다. 따라서 제 인력 충원을 못하거나 절품 혹은 신선도 유지와 상품구색이 적절하게 이뤄지지 않을 경우는 고객 손실로 연결되고 인근 편의점간 경쟁력 약화로 인하여 기회비용의 손실이 발생하게 될 우려가 있다. 이와 같이 적절한 종업원의 투입은 점포의 이익과도 직결되는 중요한 요인이라 할 수 있다. 그럼에도 불구하고, 세계적으로 인구가 감소하고, 고임금문제가 발생됨에 따라 운영비의 부담과 고객감소는 예견된 문제라고 보여 지는데, 과연 현재 단순히 무인화만 시키는 운영시스템이 이러한 문제의 적절한 대안이 될 것인지 검토해보아야 할 것이다.

2. 소매업태의 유형

Kwon et al.(2007)의 "소매업태 용어 통일화에 대한 소고"에서는 소매업태 용어에 대한 정의와 국내 소매업태의 종류에 관하여 논하였다. 국내 소매업태는 식품 유무에 따라 구분하자면, 비식품 중심과 식품 중심으로 구분된다. 비식품 중심의 종류에는 백화점, 전문점이 이에 속하고, 식품 중심의 종류는 SSM을 포함한 수퍼마켓, 편의점이 이에 속한다.

업종 구분에 따른 소매업태 종류는 〈표 4-3〉과 같다.

국내 소매업태는 유형은 관점에 차이에 따라 점포 유·무로 분류하자면, 유점포 소매업과 무점포 소매업으로 나뉘고, 유점포 종류에는 백화점, 대형 마트, 수퍼마켓, 편의점 등이 있으며, 무점포 종류는 통신 판매, 인터넷 쇼핑몰, TV, 홈쇼핑, 카탈로그판매, 방문판매, 직접판매, 다단계판매 등이 있다. 상품계열 별, 취급상품의 가격대 별, 판매방법 별, 시스템 별, 통계방법 별로 분류된다.

[표 4-3] 업종 구분에 따른 소매업태 종류

구분	업종	업태
식품 유무	식품	수퍼마켓(SSM), 편의점
	비식품	백화점, 전문점

Source: 선행연구를 바탕으로 연구자 재구성

먼저, 상품계열 별 분류 방법으로는, 다수 상품을 종합적으로 취급하는 백화점과 대형마트, 하나의 상품 계열을 특화시킨 전문점, 셀프 서비스방식에 의한 식품 및 잡화류 상품을 취급하는 수퍼마켓, 인근 고객의 편의성을 최대한 살린 편의점과 드럭스토어, 은행, 극장, 병원, 항공회사 등 상품이 아닌 용역을 판매하는 서비스 판매전으로 구분할 수 있다.

취급상품의 가격대 별 분류 방법으로는, 고급의 상품을 취급하는 백화점, 고 가격대의 편의점(CVS), 중 가격대의 수퍼마켓, 일반 소매업태에 비해 저가격 대의 상품을 취급하는 카테고리킬러와 같은 할인 점문점 등으로 구분할 수 있다.

판매방법 별 분류 방법으로는, 매장에서 고객과 직접 대면해서 판매하는 대면판매방식과 자동판매기, 무인점포의 셀프판매방식으로 구분할 수 있다.

볼런터리 체인(Voluntary Chain), 모기업(프랜차이저)이 가맹점으로부터 로열티를 받는 프랜차이즈 편의점의 프랜차이즈 체인(Franchise Chain)등으로 구분할 수 있다.

시스템 별 분류 방법으로는, 동일자본-대규모 소매조직의 레귤러 체인(Regular Chain), 도매상이 중심이 되거나 소매상이 모여 공동구입을 행하는 체인 스토어(연쇄점)의

소매업태의 한 종류인 편의점은 고객과의 접점이자 최 일선 유통채널이다. 소매업태에서 편의점은 유점포로, 인근 고객의 편의성을 중심으로 고가격대의 식품을 포함한 상품을 소비자에게 대면판매를 하고, 프랜차이즈체인 형태를 띤다고 볼 수 있다. 여기서 현재 무인점포와 일반 소매업태에서 온라인 판매방식을 겸하는 경우는 대면판매 방식과 셀프판매방식을 병행한다고 볼 수 있다.

소매업태의 유형별 분류는 〈표 4-4〉와 같다.

무인점포란 '사람이 없는 점포'로 기존의 소매업태 형태에서 직원이 없이 계산과 결제가 가능한 소매점이라 할 수 있다.

세계는 지금, 고객이 카드나 현금 등의 결제수단을 가지고 다니지 않거나 스마트폰만 소지하면 본인인증과 출입이 가능한 무인화된 편의점이 생겨나면서 무인점포의 가능성을 점치고 있는 상황이다. 무인편의점은 일반 편의점에 비해 영업비의 70%이상을 차지하는 임대료, 인건비, 전기료 등을 줄여서 고정비용의 부담이 적으며 매출 이익이 똑같더라도 더 높은 수익을 낼 수 있는 구조이다.

[표 4-4] 소매업태의 유형별 분류

구분	유형	업태
점포 유무 별	유점포	백화점, 대형 마트, 수퍼마켓, 편의점
	무점포	통신 판매, 인터넷 쇼핑몰, TV, 홈쇼핑, 카탈로그판매, 방문판매, 자동판매기, 다단계판매
상품계열 별	다수 상품을 종합적으로 취급	백화점과 대형마트
	하나의 상품 계열을 특화	전문점
	셀프 서비스방식 상품을 취급	수퍼마켓
	인근 고객의 편의성	편의점, 드럭스토어
	용역을 판매하는 서비스 판매	은행, 극장, 병원, 항공회사
취급상품의 가격대 별	고급의 상품 취급, 고 가격대	백화점, 편의점
	중 가격대	수퍼마켓
	저 가격대	카테고리킬러와 같은 할인 점문점
판매방법 별	대면판매(Face to Face Sale),	전통적인 점포형 판매 방식, 방문판매
	셀프판매(Self Sale)	수퍼마켓, 자동판매기, 무인 점포
시스템 별	레귤러 체인(Regular Chain),	동일자본-대규모 소매조직
	볼런터리 체인(Voluntary Chain)	체인 스토어(연쇄점)
	프랜차이즈 체인(Franchise Chain)	프랜차이즈 편의점

Source: 선행연구를 바탕으로 연구자 재구성

또한, 모바일 시스템을 이용하므로 계산대 앞 대기시간이 단축되는 효과가 있다. 현재 시중의 무인편의점은 자동으로 유통기한을 관리하고 일정한 냉장온도를 유지하며 삼각 김밥, 샌드위치, 샐러드, 유제품 등의 신선상품 판매가 가능하도록 하는 시스템으로 무인점포에 관한 관심과 관련 기사가 급속한 속도로 이루어지고 있다(Amazon, 2017; Choi, 2018; Kang, 2018; Lee, 2017). 이러한 흐름을 Sedaily (2017)는 현재 편의점의 점포 수가 포화상태임에도 불구하고 꾸준히 신규 매장을 늘려가고 있는 이유 중 하나를 O2O(온·오프라인 연계) 서비스가 유통업계의 큰 트랜드로 자리 잡히면서 전국적으로 치밀한 유통망을 구조를 가진 편의점이 이를 가장 잘 구현할 수 있어서라고 보았다. 이처럼 고령화, 저출산 되는 사회구조 속에서 절박한 구인난극복을 위하여 무인점포가 대안으로 떠오르고 있는 것이다.

3. 기존업태의 융합

각국의 주요 소매업태의 발전과정을 보자면, 미국은 1826년부터 시작됐다. 일본은 80여년 뒤쳐진 1904년부터 시작되었다. 우리나라는 1930년부터 시작했지만, 내국민을 위하여 국내 자본으로 시작된 것이 아니라, 일본인을 위한 시설로 일본 자본에 의해서 만든 것이 그 시초이다. 국내의 주요 소매업태는 짧은 기간 안에 여러 업태가 들어와 급속도로 발전하게 되었다.

소매업태는 냉장·냉동의 전열기구 기술 발전에 따라 업태 진화가 가능했으며, 생산자 기반에서 제조 기반으로 백화점과 할인점 소매업, 서비스산업과 함께 발전해왔다. 이러한 변화의 중심에 소비자 구매행동의 변화는 소매업태의 변화를 가속화시킨 원인이 되었다. 정보화와 통신 기술의 발달, 고객 요구의 다양화 및 시장 환경의 변화에 부응하기 위한 기업전략이 다양해지면서 종래의 대량생산 및 소비의 개념의 소매업태 변화가 가속화되고 있다. 한편으로는 온라인쇼핑의 급신장으로 인해, 국내 소비자의 눈높이에 맞추고, 테넌트 구성을 고급화하여, 소비자의 쇼핑 욕구를 자극하는 오프라인 업태라 할지라도 그 성장은 둔화되고 있는 실정이다.

Park(2008)은 이러한 환경변화에 기존업태가 신속하게 대응하지 못할 때 신규업태가 출현하게 된다고 하였다. 신규업태 발생의 계기는 주체적 요인과 환경적 요인이 있다. 주체적 요인은 유통 과학화하며 고객중심으로의 사고변화, 업종점에서 업태점 중시, 생산자적 관점에서 소비자적 관점으로 의 변화가 그 요인이다. 환경적 요인은 다양하며 소비자의 여가시간, 생활 활동, 소득수준에서의 성별차이, 가치관, 이동성, 생활 문화의 변화, 소매 활동과 관련된 정보 , 교통과 운송기술의 변화, 그리고 유통 활동에 관한 다양한 법적규제의 변화 등을 포함하고 있다고 보았다.

국내 소매업의 경우, 1970년대에는 슈퍼마켓이 성장을 주도하였고, 70년대 후반 이후에서부터 80년대는 백화점이 주도하였다. 90년대에 들어서면서 신업태의 선두주자인 대형마트가 등장하여서 유통업계의 판도를 바꾸어 놓았다. 그 후 2000년대에 접어들어서면서 전자상거래와 무점포 업태의 성장이 가장 두드러지게 나타나고 있다.

그 과정에는 신규업태의 확산을 저지하기 위한 법적규제가 있었고, 슈퍼마켓과 경쟁상황에서 편의점의 상품구성상 식품부

문의 보강 등을 통한 경쟁력강화를 위한 노력도 있었고, 반대로 편의점과의 경쟁우위를 위한 슈퍼마켓의 영업시간 연장도 진행되었다. 그러면서 다수의 기존 업태 간 소매융합이 일어나고, 이것은 신규업태의 소매융합의 특징에 의존해서 다양한 방향으로 소매융합의 수정이 이루어졌다. 이러한 각 과정은 신규 업태와 그것이 출현하는 시점의 소매환경에 의존하기 때문에 나라마다 발전경로에 차이점을 보이는 것이다(Youn, & Kim, 2017). 예를 들면, 일본에서는 대형점의 출점과 영업시간을 장기간 규제하게 되어 편의점이 발전할 수 있는 기회를 얻을 수 있었다.

국내 소매업태의 특징적 형태로는 인구증가율과 경제성장으로 성장하였으나 1990년대 이후 저성장은 소매업태의 매출규모가 둔화되고 있다는 것이다. 소매업태의 전망은 인구구조 변화를 파악하면 소비 트랜드를 이해할 수 있다. 저성장기 소매업 변화로 온라인 쇼핑몰과 편의점은 비교적 높은 성장세가 유지되지만 백화점과 대형마트는 부진이 지속될 것으로 예견되었고, 2010년대 후반기 들어서면서 소매업계는 새로운 업태인 도심형 또는 교외 형 아울렛과 초대형복합쇼핑몰 출점을 확대하고 있다.

특히 인구증감은 소매업계의 큰 변화가 예고된다. 2017년부터 생산인구감소와 2030년 총인구감소는 산업전반에 업태 간 심각할 것으로 전망한다. 한국산업연구원의 인구전망과 한국경제성장률 전망에서 2005년에서 2013년까지 노동생산성 상승률이 연 2.5% 수준이고 2000년 이후 고용률이 연평균 상승률 연 0.4% 지속가능할 때 절대인구 감소로 국내시장 규모가 축소된다는 사실이다.

[그림 4-1] 인구전망과 한국경제 성장률 추이

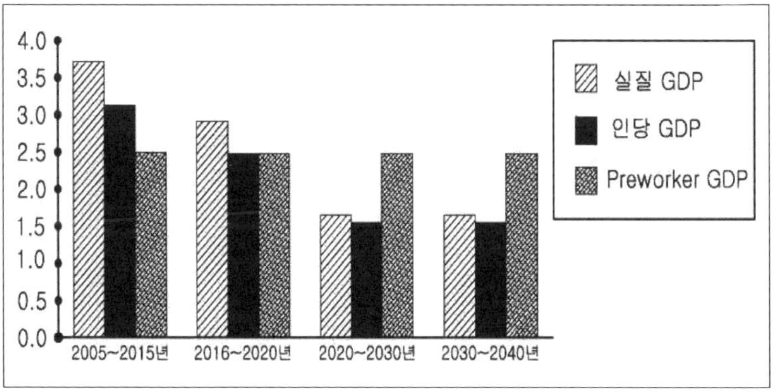

Source: KIRI (2018)의 선행연구를 바탕으로 연구자 재구성.

이러한 경제구조에서 소매업태간의 상권경쟁은 치열해지고 상권 내 제한요소로 소매시장은 저성장과 함께 온·오프시장 간의 상권경쟁은 가속화될 것이다. 국내 소매시장은 2016년 약 305조원으로 추정한다(lotte center for future strategies, 2016). 여기에서 재래시장 및 승용차와 유류시장을 제외시켰고 대형유통사의 온라인 채널을 제외한 온라인 전문 업체의 규모다. 국내 소매시장은 2016~2020년까지 연평균 성장률이 4.8%로 예상되며 소매시장이 재편되는 변곡점으로 2016년을 보고 있다.

소매업태의 진입과정에서 장기불황속 소비자들이 가격대비 성능인 가성 비를 인터넷 기술의 발달로 고객들은 시공간 속에서 제품을 비교하고 클릭 한번으로 쇼핑을 주도하는 상태다. 이제는 옴니채널을 활용하는 소매업태만이 경쟁우위를 접하며 오프라인 매장이 상품체험공간으로 변화시키지 못한 리테일산업은 온라인 상거래가 활발해지면서 소매업체들은 매출감소를 경험하게 된다. 오프라인 매장은 IT기술과 결합하여 진화하면서 역동적인 체험공간으로 발전할 것이다. 1990년대 고객관계관리(CRM)라는 관점에서 소매업태는 우수고객 유지, 잠재고객 활성화, 평생 고객화 영역에서 데이터베이스가 중요하게 인식되었다. 이러한 방대한 자료의 빅데이터(Big-data)를 분석하여 새로운 고객가치를 찾아서 사람과 산업을 연결하는 IoT(사물인터넷)는 정보기술(IT)의 발달로 소매업체의 대전환기를 맞이하였다. 정보통신산업은 모바일혁명으로 통신사에서 플랫폼업체로 주도권이 넘어가고 미디어산업의 콘텐츠 사업자와 플랫폼 사업자간의 공존으로 유통사간의 고품질 빅데이터 확보와 플랫폼 역량이 소매업태간 상권경쟁의 매출변수가 되고 있다(Oh, 2016). 이제는 모든 산업에 인공지능(AI)이나 증강현실(AR) · 가상현실(VR)을 입혀야 성장하는 시대로 IT기술이 이끄는 변화 속도는 빠르게 진행되고 있다(Lee & Chu, 2017).

편의점은 높은 접근성, 소량 구매 패턴의 확산, 소득수준 증가, 간편성, 편리성, 접근성, 다양한 PB(Private Brand)상품과 컨텐츠 등을 추구하는 사람들의 습성과 더불어, 도심 지역을 중심으로 한 1인 가구의 폭발적 증가 등에 따라 2000년대 들어서면서 급속도로 성장하였다(Lee & Ju, 2004; Soun, 2017).

National Statistical Office (2015)는 경기침체 속에서 1인 가구 비율은 1985년 6.9%, 1995년 12.7%, 2005년 20%, 2015년 27.1%로 10년 주기로 증가하고 있으며, 이러한 비중이 2025년 31.3%, 2035년 34.3%로 지속적으로 높아질 전망을 내놓았다. 통계청, HMC 투자증권, 한국편의점산업협회 등의 자료에 의하면 국내편의점 시장규모는 2014년 12.7조원, 2016년 20.4조원으로 급성장하며, 고급식재료의 확산으로 도시락, 금융·택배 서비스 등으로 발전시킨 것이 시장 확대에 기여했다고 업계는 전망했다.

[그림 4-2] **편의점 C사의 간편 식품**

2018년 10월 질병관리본부에서 발표한 '2017년 청소년건강행태조사'에 조사에 따르면 현재 우리나라 청소년의 39.3%는 주 1~2회, 26.0%는 주 3회 이상 편의점의 식품으로 식사를 대신하고 있다고 밝혔다(KCDC, 2018). 이처럼 편의점은 우리의 일상 깊숙이 자리하는 소매업태가 되었다.

하지만 최근에는 다양한 상품구색으로 다른 소매업과 경쟁하며 일정 반경 내에 브랜드가 다른 여러 편의점이 개설되는 등, 수요·공급의 균형이 깨지기 시작하였다.

[표 4-5] 프랜차이즈 편의점 주요 산업 현황

구 분	2012년	2013년	2014년	2015년	2016년	비고
전국 프랜차이즈 편의점 수(개)	24,559	24,859	26,020	28,994	32,611	증가
편의점당 인구수(명)	2,075	2,057	1,973	1,777	1,585	감소
편의점당 평균면적(평)	22.1	22.0	22.0	21.8	21.9	감소
편의점당 평균종업원(명)	6.6	6.6	6.8	7.1	-	증가
프랜차이즈 편의점 총 매출액(억원)	117,385	128,101	138,361	171,947	203,241	증가

Source: Korean industrial research institute 등, 선행연구를 바탕으로 연구자 재구성.

한국편의점산업협회의 5년간 전국 프랜차이즈 편의점의 주요 산업 현황 추이를 보자면, 편의점의 수는 2012년 24,559개, 2013년 24,859개, 2014년 26,020개, 2015년 28,994개, 2016년 32,611개로 지속적 증가세이나, 편의점당 방문·이용 인구수(명)는 2012년 2,075명, 2013년 2,057명, 2014년 1,973명, 2015년 1,777명, 2016년 1,585명으로 지속적으로 감소하였다.

편의점당 평균면적(평)도 2012년 22.1평, 2013년 22.0평, 2014년 22.0평, 2015년 21.8평, 2016년 21.9평으로 미세한 축소세가 보였다. 반면, 편의점당 평균종업원수는 지속적으로 증가하였고, 편의점 총매출액(억원)은 2012년 117,385억 원, 2013년 128,101억 원, 2014년 138,361억 원, 2015년 171,947억 원에서 2016년 203,241억 원으로 지속적으로 상승하였다(CVS, 2018). 프랜차이즈 편의점 주요 산업 현황은 [표 4-5]와 같다.

그러나 프랜차이즈 편의점 본부와 가맹점의 수익배분 구조상 상품가격의 상승, 물가상승 인건비 증가 등 운영비 부담을 감안할 때 총매출액이 가맹점주의 순수익으로 이어지는 것은 아닌 것으로 추측된다.

국내 편의점 시장점유율 1,2위 업체인 CU(BGF리테일)와 세븐일레븐(코리아세븐)은 영업이익 감소로 인해 대대적인 가맹점 구조조정을 실시할 것을 예고하는 등 편의점 시장이 성숙기에 접어들었다는 신호들이 나타나고 있다.

편의점 시장의 성장이 둔화된 데에는 편의점 출점 거리 제한과 같은 정부규제나 내수시장의 불황이라는 원인도 있지만 보다 근본적인 원인은 상권의 제약에 따른 점포당 인구수의 빠른 감소세에 있다고 할 수 있다(Lee, 2014). 빠른 속도로 증가하는 점포 수에 비해 점차 둔화되는 국내 인구증가세로 점포당 인구수는 2002년 약 8,542명에서 2012년 2,075명으로 10년 만에 약 6,400명 정도가 감소하였고 이는 편의점 시장이 이미 성숙기에 접어들었다고 평가되는 일본과 미국의 점포당 인구수가 약 2,500명 수준인 섯과 비교하면 우리나라 편의점 시장 또한 이미 포화되었거나, 곧 포화될 것이라고 예상할 수 있다. 이처럼 급격히 감소한 점포당 인구수로 인해 점포당 내점객수는 2002년 674명에서 2012년 359명까지 줄어들었고 내점객 수 감소로 인한 점포 수익성 악화를 극복하기 위해 객단가를 향상시키려는 편의점 운영 효율화 노력이 업계 내 중요한 화두가 되고 있다(CVS, 2018).

또한, 편의점은 정규직 직원에 비해 비정규직 직원의 비율이 상대적으로 높고 유통기한이 짧은 유통식품과 신선식품의 비중이 높다. 인건비가 전체 점포 운영비용의 절반에 가까운 48.5%를 차지하고 있고, 점포당 평균 종업원 수가 운영 효율화의 주요 변수일 만큼 많은 가맹점주들이 파트타이머의 인력 수급 및 관리에 대한 어려움을 토로하고 있다(CVS, 2013).

뿐만 아니라 노령화가 지속되고 저 출산과 인구감소가 세계적인 추세인 만큼 임대료와 인건비를 제외하면 최소한의 적정 수익에도 미치지 못하는 편의점이 늘어나고 있는 것이 현실이다. 노령화가 집중된 지역의 경우 지역 특성상 입객수가 현저하게 떨어질 수밖에 없을 뿐 아니라 인력난의 어려움을 겪고 있다. 우범지역과 같이 야간 근무자의 안전이 위협되는 편의점은 인력조달의 어려움 뿐 아니라, 사실상 효율적 운영마저 어려운 상황이다. 현재 편의점은 유통환경변화에 따라 편의적 영역만으로는 경쟁에서 우위를 차지하기 어려운 때가 되었다.

최근 BNP파라바의 아서 콴아태 증시 수석은 한국과 일본의 편의점들이 점점 더 나이 든 사람들을 타깃으로 하고 있으며, 중국도 점차 고령층 소비자를 타깃으로 할 것이라고 분석했다(Jung, 2017).

이러한 문제점을 해결하기 위해 모색된 방안으로 편의점 업계에서도 무인화가 시도되고 있다. 해외에서는 무인점포가 시범적으로 운영하거나, 문제점을 보완한 형태로 실제 일반인 사용이 가능한 매장으로 다시 재탄생하는데 점차 속도가 빨라지고 있다. 국내에서도 이러한 상황에 발맞추어 무인화시스템을 일부 도입하거나 무인점포를 시범적으로 운영하는 등의 시도가 이루어지고 있는 실정이다.

소매환경에 크게 의존하고, 시대의 변화에 따라 변화하며 진화하는 유통업의 특징으로 인하여 그 환경이 어떻게 흘러가느냐에 따라 소매업태의 다양화는 지속적으로 이루어질 가능성이 높다. 따라서, 소비자 구매 행동의 변화와 같은 소비자 행동 변화에 의해서 새로운 업태의 등장과 더불어 살아남기 위한 소매업태의 진화는 향후에도 계속될 것으로 추측된다.

4. 무인점포의 등장과 전략적 접근 방식

최근의 급격한 사업 환경 변화는 조직 변화관리의 중요성이 부각되고 있으며 디지털 기술의 혁신적 발전이 소매업계에도 야기되는 현상이 되고 있다(Kim, 2016).

따라서 전사적 변신을 위하여 구조 · 프로세스 · 사람 · 문화 등 조직 관리의 4가지 요소를 고려하여 변화관리의 당위성과 결과보다는 과정이 중요하다는 사실이다.

[그림 4-3] 소매업태의 생명주기와 단계별 전략

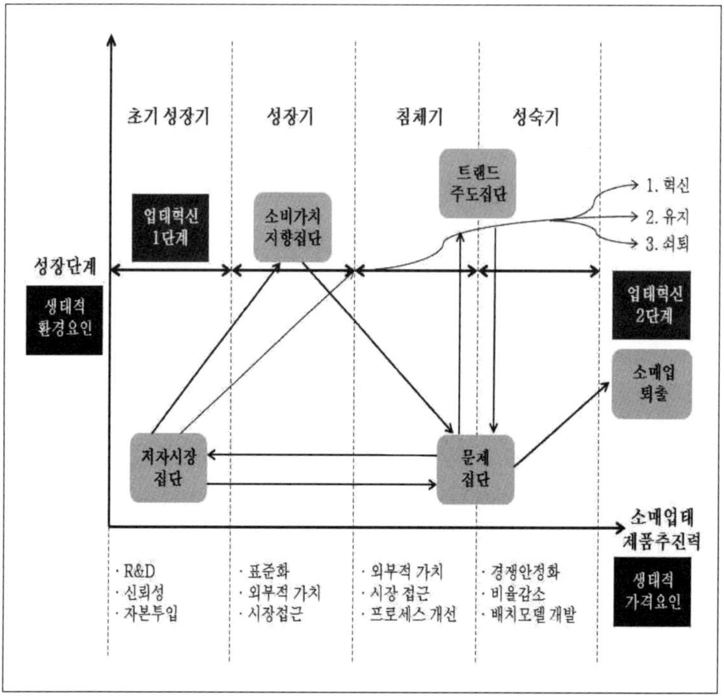

Source: Levy et al. (2005)등 참고, 선행연구를 바탕으로 연구자 재구성.

또한 소매업태의 생명주기(life cycle)를 성장단계 별(for each stage of growth)로 업태혁신의 1·2단계에서 소매업태의 혁신의 변곡점(in-flection point)은 소매업간의 제휴 추진력이 성장동력과 시장을 이끄는 중요한 요소가 소매업의 기대매출과 연관성이 크다. 소매업에 대한 다양한 연구는 〈그림 4-3〉의 소매업태의 생명주기와 소매업의 전략과정이 성장단계에서의 상대적 제공요소와 상대적 가격의 두 축을 기본으로 한다(Levy et al., 2005).

소매업의 운영시스템에 관한 선행 연구를 살펴보자면, 먼저 소매업에 관한 연구로 Jung, Kim, & Sung (2006)는 소매업태에 대한 소비자 선택요인에 관한 연구에서 재래시장, 중형마트 및 대형마트의 정책방향 설정 및 활성화 계획수립을 위하여, 대전지역에 한정하여 실증 · 분석한 연구결과를 제시하였다. 재래시장 5개, 중형마트 7개, 대형마트 8개의 변수들이 포함되어 있어 현대적 소매업태일수록 우위요소가 많다는 것을 알 수 있었다. Kim and Kim (2003)는 “국내 진출 다국적 소매업체의 운영방안에 대한 고찰”에서 국내 할인점의 포화기 진입단계에 접어든 때에 국내에 진출한 다국적 기업들은 MD 혹은 VMD의 부문 개선과 고객서비스를 개선함으로써 국내 기업들은 강한 경쟁자로서 접근하고 있다고 밝혔다. 이러한 다국적 소매유통기업의 운영방안에 대한 고찰을 함으로서 다국적 소매기업 및 국내 소매업체들의 경쟁력 향상에도 기여될 것으로 보았다. Lee(2008)는 소규모 독립점포의 볼런터리 체인(Voluntary Chain: 독립된 여러 소매점이 공동매입 · 공동광고 · 공동설비 등을 통하여 슈퍼마켓 등의 대규모 자본에 대항하여 계속적인 협력관계를 가지고 형성되는 연쇄점) 방안에 관한 연구를 하였다. 그는 소규모 영세 독립점포의 생존 전략의 한 방법으로 협동화, 조직화시켜서 결속력을 강화시킬 수 있는 가능성과 실제 운영방안을 볼런터리 체인(VC : Voluntary Chain)화 및 운영시스템을 제시하였다.

기업에서 요구하는 충성도 높은 고객에 대한 고차원적인 서비스 제공과 신규 고객 확보를 위해서나, 편의점 이용 주요 고객이 새로운 트랜드와 방식을 쉽게 익힐 수 있는 20대라는 것을 가만할 때 ICT(전자정보기술)를 활용한 무인 판매방식의 접목과 업태 변모의 필요성은 가속화될 것으로 보인다. 이로서 편의점 주요 고객층은 단순히 ICT를 활용할 수 있는 고객층 뿐 아니라, 1인 가구, 직장인, 여성, 학원생, 노령 층까지 폭 넓다고 볼 수 있다.

중·소규모 프랜차이즈나 자영업자들도 무인점포 개발에 박차를 가하고 있다. 대표적인 곳이 세탁업체들로 구성된 협동조합인 대구 소재의 하이크리닝협동조합은 최근 24시간 무인 세탁소 '하이크리닝24'를 냈다. 이용방법은 점포 전면에 세워진 키오스크(Kiosk) 화면에서 회원 가입 후 휴대폰 인증을 통해 비밀번호를 만든다. 이후 세탁물을 맡기면 그 내용이 고객 메시지로 즉시 전달된다. 세탁공장은 이를 수거, 세탁이 완료되면 다시 컨베이어 시스템에 비치해 놓음과 동시에 고객에게 통보한다. 고객은 아무 때나 가면 세탁물을 찾을 수 있고 배송까지 가능한 구조이다. 현금, 신용카드, 교통카드 등 다양한 방식의 결제가 가능하다. 기존의 무인화된 세탁소인 코인세탁소에서도 물세탁은 가능하지만 드라이클리닝은 불가하였다. 소비자들은 시간 제약 없이 이 세탁소를 이용할 수 있고, 업무에 종사하는 시간을 줄이고 여가를 즐기고자하는 자영업자들이 늘고 있다는 점에서 착안했다고 한다(Hicleaning.kr, 2018).

아마존 고는 드론을 이용한 배송시스템을 활용하였고, 식당가의 무인결재기 설치로 카드와 현금 결재가 가능하며, 현금을 지불할 경우 잔돈도 받을 수 있는 형태의 무인결재기의 설치는 이미 보편화되었다.

앞선 사례들이 입지(location)에 정착한 '브릭앤모타르(Brick and Mortar)'형 무인점포 형태라면 코드앤모타르(Code and Mortar) 즉, 암호(code) 하나만으로 모든 쇼핑이 가능한 이동 형 무인점포 사례들도 많다.

올해 초 미국에서 열린 세계 최대 가전전시회 'CES 2018'에서 공개된 도요타의 모빌리티서비스 이팔레트(e-palette)가 대표적이다. 자율주행차를 활용한 이동식 소매점으로, 필요한 상품을 고객이 원하는 장소에서 바로 구입할 수 있도록 한 셔틀 소매점이다. 예컨대, 국수를 먹고 싶다면 국수가게가, 반찬을 사고 싶다면 반찬가게가 바로 내 집 앞까지 찾아오는 방식의 개인화서비스로, 2020년 도쿄올림픽 때에 첫 선을 보일 예정이다. 자율 주행차가 초기에는 개인이 사기에 부담스럽기 때문에 모빌리티서비스로 접근하려는 시도도 보여진다.

기술 차이는 있지만 이 같은 메커니즘으로 이미 시험 가동 중인 곳도 있다. 중국의 빙고박스는 2017년 8월 항저우에 세계 최초로 계산대조차 없는 무인점포를 개장하였다. 중국의 상하이에서 2017년 시범 운영된 '모비마트(Moby Mart)'는 무인으로 운영되는 자율주행 이동 형 채소 소매점이다. 태양광 에너지로 움직이는 이 자율주행 점포에 들어서면 가상직원이 홀로그램으로 나타나 간단한 인사를 건넨다. 고객이 RFID가 부착된 상품을 리더기가 있는 바구니에 넣으면 바로 계산되는 구조이다. 이와 비슷한 미국의 '로보마트'는 일반 자동차 크기여서 미리 주문하고 물건을 가져가는 방식인 반면 모비마트의 경우 버스정도의 크기로 소비자가 직접 안에 들어가 물건을 구매하는 방식이다. 상하이에서 첫 선을 보인 '모비마트'는 스웨덴의 휠리스(Wheelys)와 중국의 허뻬이(合肥)대학이 공동 개발한 모델이다. 또한, 중국의 상하이 난징루에 '루이싱(瑞幸) 커피'는 무인커피 전문점으로 루이싱 커피 어플리케이션(앱)으로만 주문을 받으며, 저렴한 가격과 모바일 결제 전략을 내세워 인기를 끌었다. 상하이시 우자오창(五角场)에는 알리바바가 운영하는 오프라인 신선식품 전문점이 있다. 농수산물 등 다양한 신선식품을 판매하며 상품의 QR코드를 스마트폰으로 찍으면 원산지를 포함한 상세 정보 확인이 가능하다. 결제 시에는 알리바바의 스마트 페이인 '알리페이'로만 가능하다. '중국의 아마존'으로 불리는 알리바바는 2016년 1월 상하이에 신선식품 전문 매장인 허마셴셩 1호점을 오픈했다. 현재 중국 9개 도시에 60여개 매장이 있는 허마셴셩은 알리바바의 핀테크 · 물류 · 빅데이터 · O2O(Online to Offline) 기술이 총집결된 곳이다. 허마셴셩은 한국의 일반 대형마트와 유사하게 과일과 채소 코너를 지나 육류 · 생선으로 이어지는 상품 진열 구성을 가지고 있다. 상품이 놓인 진열대의 QR코드를 찍어서 상품에 대한 가격 · 정보를 스마트폰으로 확인하고 모바일 장바구니에 넣으면 집에서 상품을 받아볼 수 있다. 이로서 온라인으로 신선상품의 구매에 불신하던 중국인들을 공략한 맞춤형 서비스를 제공하였다.

특히 상하이는 무인 마트, 무인 헬스장이 점점 늘어나면서 최근 1~2년 사이에 현금이나 지갑 없이 스마트폰 하나만으로 일상생활이 가능한 '노캐쉬'가 자리매김하고 있다. 또한 인간과의 접촉을 최소화한 언택트(Un-tact) 문화가 보편화되고 있다. 중국

국가통계국 발표에 따르면, 상하이는 1018년 상반기 1인당 가처분 소득과 소비 지출은 각각 3만2612위안(약 533만원), 2만1321위안(약 365만원)으로 중국 도시 중 가장 높았다. 상하이가 중국의 대표적인 스마트 도시가 된 데는 상하이 시민들의 높은 경제 수준과 인구의 집중과 함께 미국 테슬라의 공장 신축이나 구글의 무인 자동차 '웨이모' 프로젝트, 알리바바 등의 신기술이 최첨단의 도시로 변모시키는 주도적 역할을 하는 것으로 보여진다.

이처럼 세계 각국에서 무인점포는 다양한 형태로 나타나고 있다. 특히, 편의점을 중심으로 유통업계가 무인점포 시대를 위해 적극적으로 나서고 있다. 여기에 도요타의 '이팔레트' 프로젝트는 미래의 무인 소매점 생태계를 적나라하게 보여주는 사례로 충분하다 할 것이다.

현재 국내에서도 Cha (2018)는 대형마트와 기업형 슈퍼마켓(SSM)이 순차적으로 무인 계산대를 도입하고 있으며 시범적 운영 단계지만 편의점도 야간 시간에 무인으로 매장을 운영 중인데, 카드 수수료 인하와 점주 손익 보장에 긍정적이라고 전문가의 의견을 실어 보도했다. 무인시스템을 일부나 전체에 도입한 국내사례는 늘어나고 있는 추세이다.

프랜차이즈 음료 소매업 '쥬씨'는 키오스크 도입으로 올해 기준 월 220만 원 정도의 인건비를 절감하였다. 내년에는 순절감 비용이 246만 원으로 늘어날 것으로 추산되었다(Cha, 2018).

국내 일반 편의점업계도 무인시스템으로 운영되는 편의점이 등장했다. 계산에 투입되는 노동이 전체 근무 시간의 60% 이상인 만큼, 계산에 투입되는 시간을 줄이면 재고와 매장 관리 등 편의점 운영을 위한 다른 업무에 효율적으로 시간을 활용 가능한 장점이 있다.

[그림 4-4] 휴게 공간이 마련된 L사 무인편의점

현재 운영 중인 무인점포는 자판기 한두 대를 설치한 간단한 형태에서부터, 여러 개의 자판기와 휴게 공간을 마련하고 간단한 금융, 우편, 택배, 배송, 오피스서비스 제공이 가능한 형태까지 크기는 다양하다.

국내의 '뉴들365 무인점포'는 온라인상에서 구입 결재한 상품을 회사나 집 부근 무인점포에서 찾을 수 있거나, 개인 사물함을 설치하여 택배나 우편물을 받을 수 있는 형태를 병행해 운영하고 있다(Newdle365. 2017).

현대백화점은 아마존과 손잡고 미래형 점포 개발에 공동으로 나서기로 협약을 체결했다. 롯데백화점은 2016년 10월 식품점에 무인 계산대를 시범적으로 운영하였다.

2018년 3월 경기 고양시 킨텍스에서 열린 세계보안전시회(SECON, 2018)에서는 SK텔링크가 무인점포를 전시하였다. 스마트폰에 앱을 설치한 후 출입문에서 인증을 받는다. 내부에는 SKT에서 개발한 음성인식 인공지능(AI) '누구(NUGU)'가 배치되어 있다. 누구의 역할은 상품 진열 정보를 알려주고, 매장 내 비상 상황 발생 시 대응 역할도 담당한다. 가령 도난 사고가 일어나면 '누구'가 경찰에 곧바로 신고하게 된다. 진열대에 놓인 상품을 고객이 집어 드는 것을 진열대의 센서와 점포 안 카메라가 인지하고 물건을 들고 출입구로 향하면 계산과 동시에 결제가 이뤄지는 방식으로 소개됐다. 전시회에서는 안내원이 소지한 스마트폰을 이용해 가상으로 결제가 이뤄졌다. '누구'는 편의점 'CU'에도 도입될 전망이다.

초기단계이긴 하지만 BGF리테일은 유·무인 병행 형 편의점을 시범 운영 중이다. 세븐일레븐은 인공지능 결제 로봇 '브니(VENY)'를 개발해 고객과의 소통과 결제 등을 돕도록 하고 있다.

이마트24는 낮 시간에는 유인으로 운영하고 심야에는 자판기만 운영하는 셀프형 매장을 포함하여 편의점 프랜차이즈 중 가장 많은 무인점포 10곳을 운영 중이다. 편의점의 무인 택배함은 주변에서 쉽게 확인할 수 있다.

그러나, 최근에는 무인점포의 문제가 곳곳에서 발생되고 있다. 현재는 무인점포를 운영하면서 시스템 자체의 문제가 제시되었다.

물리적 소매점의 미래에 대한 티저(teaser)이며 사물인터넷(IoT)의 진일보한 사례임이 분명하지만, '아마존고'가 비슷한 신체 유형의 소비자나 물건을 이리저리 옮기는 어린이를 정확하게 식별하지 못하는 문제를 야기하긴 했다.

지난해 10월 상하이에 문을 연 무인점포 '지엔24'. 스마트폰으로 얼굴 인증을 하고 가게 안으로 들어가 필요한 물건을 집고 나가면 자동으로 결제가 된다. 하지만 이달 들어 이 점포는 '수리 중'이라는 팻말만 내건 채 영업을 중지했다. 손님이 집는 물건을 인식을 못하는 오류가 발생해 번번이 게이트가 열리지 않았다. 게다가 고객센터도 제대로 응답을 받지 않아 고객들이 분통을 터뜨리자 결국 시스템 점검에 들어간 것. 이 스타트업이 준비 중이던 무인점포 2호점도 무기한 연기됐다.

16일 닛케이아시안리뷰는 중국에서 무인점포 바람이 불고 있지만, 기술적 문제로 시장에 안착하기까진 갈 길이 멀다며 이같이 보도했다.

중국에선 지난해 하반기부터 알리바바, 텐센트, 징둥닷컴 등 대형 IT(정보통신) 기업부터 스타트업들까지 이 시장에 본격 뛰어들고 있다. 1년여 사이 40개가 넘는 무인점포를 오픈했지만 올 1분기 기준 10여곳이 문을 닫은 것으로 조사됐다. 25%가 문을 닫은 것이다. 징둥닷컴도 올해까지 500개의 무인점포를 오픈하겠다는 계획을 밝혔지만 여태껏 20개만 운영 중이다. 2016년에 생긴 무인점포 스타트업 '빙고박스'도 지난해 상하이점 등 일부를 문 닫았다. 이 회사는 부실한 냉동보관 시스템이 문제였다. 냉동 시스템에 문제가 생겼는데도 이를 감지하지 못해 상한 음식들이 방치됐고, 고객들의 불만이 쏟아지자 이 문제를 해결하기 위해 임시 폐업했다.

닛케이는 중국내 무인점포들에서 가장 많이 발생하는 오류로 출입문 개폐 오류를 꼽았다.

게다가 중국에선 무인점포를 도입할 만큼 비용적 메리트가 없다는 것도 일반 점주 대상으로 점포가 확대되지 못하는 요소로 보인다. 중국에서 일반 적으로 매니저 1명과 3명의 판매직원을 채용하는 데는 월 1만7000위안(약 278만원) 정도가 든다고 한다. 그런데 무인점포에 카메라, AI(인공지능), 빅데이터 소프트웨어를 설치하고 운영하는데도 같은 비용이 들어 인건비 절감이 크게 와 닿지 못하는 것이다(Kang 2018).

닛케이는 "중국에서는 '빨리 움직이고, 나중에 문제를 고쳐라'라는 풍습이 있어 이 같은 문제가 발생하고 있다"고 지적했다. 그러면서 당분간 중국 편의점 시장은 기존의 대형 프랜차이즈들이 높은 점유율을 기록할 것으로 내다봤다. 지난해 중국내 편의점 수는 전년대비 23% 성장한 10만6000개를 기록했다. 일본 업체들도 자국 포화 시장을 벗어나 중국에서 한해 1000여개에 달하는 점포를 새로 내며 공격적으로 영업 중이다.

특히, 편의점의 주요 상품인 주류와 담배 판매의 경우는 성인인증이 필요하기 때문에 제도적으로 완전히 무인운영하기에는 현재는 어려움이 많다.

그럼에도 불구하고, 정부의 유통규제 기조와 최저임금 인상, 일자리 문제 등의 여러 가지 복합적인 문제가 산재해 있다. 새로운 유통산업의 전략에 대해 중국과 일본처럼 정부와 업계가

공동으로 고민할 시점이라고 보여 진다.

제 3 부

무인점포의 비주얼머천다이징

제5장 비주얼머천다이징(Visual Merchandising)이란?

1. 비주얼머천다이징(Visual Merchandising)개념

비주얼머천다이징 의미와 발생 배경

Ko(1984)는 "비주얼머천다이징(Visual Merchandising)이란 상품을 어떻게 연출해 나갈 것인가의 방법이며 고객에게 상품 연출을 시각적으로 알기 쉽게 표현하며 구매 욕구를 높이고자 하는 상품 전략이며 매장이나 행사 계획 및 계절 이미지를 고객에게 시각적으로 전달하여 매장의 인상이나 수준을 높게 인식시키고, 나아가 매장환경의 연출관리로 구매 편익을 도모하는 판매기술"이라고 정의하였다. 소매기업의 판매목표를 달성하게 위해 시각적인 영역에서 고객의 트랜드를 예측하여 특정 상품의 상품기획 및 상품개발, 상품매입을 통하여 점포에서 효율적인 판매를 하는 일에 관한 계획과 관리라 할 수 있다.

Sim(1986)에 의하면 비주얼머천다이징은 시각(Visual) 과 '상품기획 또는 상품화 작업(Merchandising)'을 조합한 것으로, 이것들이 서로 유기적인 관련을 가지고 새로운 커뮤니케이션을 추구하는 시스템인 것이다. 또한, Sim(1986)은 "비주얼머천다이징 시스템이란 '상품을 판다'는 단순한 상행위의 원점에서 발상하고, 보다 근대화되고 복잡화되어가는 소매업 메커니즘 중 하나의 시스템으로 형성되는 커뮤니케이션 시스템"으로 정의하고 있다. Seo and Youn(2016)은 비주얼머천다이징이란 '상품계획의 시각화' 한다는 뜻으로, "판매와 브랜드 이미지 상승을 목적으로 매장에서 상품을 계획하고 관리하는 일"이라 정의하였다.

비주얼머천다이징(Visual Merchandising)을 소매기업 관점에서 본다면 "머천다이징에 관계되는 계획 의도를 고객 입장에서 흥미를 일으키도록 상품을 중심으로 해서 시각적인 매력을 복합적으로 표현하는 것"이라 할 수 있다.

또한 비주얼머천다이징이란 "보기 쉬운 점포, 구매하기 쉬운 점포, 선택하기 쉬운 점포로서 구매의욕을 현재화시키는 것"을 말하며, 인스토어 머천다이징에 한 기법이다(Jou & Youn 1998). 이는 고객이 지향하는 이미지를 구체화시키는 마케팅전략의 수단으로서 자사 브랜드의 독자성을 표현하거나, 차별화를 위하여 유통과정에서 상품을 비롯한 모든 시각적 요소를 연출하고 관리하는 활동이라고 볼 수 있다(Shim, 2012; Ock, 1994).

즉, 본 연구에서 비주얼머천다이징이란 판매목표의 기획의도를 가지고 상품과 서비스를 시각적 연출 · 관리하는 총체적 활동으로, 소매업체와 고객을 연결하는 커뮤니케이션 시스템이라고 정의할 수 있다.

이를 광의적 관점에서 본다면 "상품의 설계 때부터의 디자인에서부터 디스플레이 및 판매촉진 등에 이르기까지 각 부문을 고객의 감성적인 영역과 시각적인 영역에 소구할 수 있도록 하는 것"을 말한다. 내적으로는 매장 내 · 외의 여러 가지 장치장식이나 조명 등에 이르는 익스테리어(Exterior)와 인테리어(Interior) 부문의 전반까지를 모두 포함시킨 전체 점포의 시각적인 연출효과를 상품판매에 기여하는 것을 의미한다. 또한 상품에 대한 시각적인 요소를 최대한 반영하여 상품 자체를 돋보이게 함으로써 판매에 기여하도록 하는 상품 관리적인 영역에서의 제반 활동을 말하는 것이다. 무인점포를 찾는 고객에게 대면판매를 하지 못하는 환경에서 보다 감성적이고 시각적 영역에서 소구되어지는 상품과 서비스 관리는 일반 유인편의점보다 더욱 중요한 의미를 가진다고 추측된다.

협의적 관점에서 본다면, 매장차원의 전략으로서 상품에 따라서 상품을 보여 주고자하는 것을 적시에 정확히 연출하는 효과적인 매장의 연출 방법으로 상품 디스플레이 범주로 정의되고 있다. 즉, 상품 연출 위주의 VP(Visual Presentation)와 상품 진열 중심의 IP(Item Presentation), 그리고 매장 부분 부분에서 연출과 진열이 함께 되는 PP(Point of sales Presentation)의 개념으로 정의되고 전개된다(Sim. 2006). 협의적 관점에서 비주얼머천다이징은 [표 5-1]과 같다.

그러나, 기획 또는 매입 단계에서부터 광고 및 판매에 이르기까지 경영의 모든 요소를 포괄하여 전개하는 것이 비주얼머천다이징이므로, 디스플레이는 미적 감각만으로도 가능하지만, 비주얼머천다이징을 추진하기 위해서는 점 전략의 전체를 포괄하는 개념으로 인식한 최고 경영층의 강력한 리더십이 필요하다. 따라서 비주얼머천다이징은 디스플레이의 상위 개념이라고 볼 수 있으며, 고객의 입장을 고려햐여 기획하며, 최종 구매욕을 위하여 더욱 구체화 키시는 전략체계인 것이다(Sim, 2006; Ra and Han, 2008)

[표 5-1] 협의적 관점에서 비주얼머천다이징

구분		VP (Visual Presentation)	PP (Point of Presentation)	IP (Item Presentation)
역할		·연출 테마의 종합적인 표현으로 점과 상품의 이미지를 높임	·분류된 상품의 판매 포인트를 보여줌	·개개의 상품을 분류 정리하여 보기 쉽고 고르기 쉽게 진열
위치		·고객의 시선이 처음 닿는 쇼윈도우나 스테이지	·매장 내에서 자연스럽게 고객이 시선이 닿는 곳 ·벽면 상단 또는 집기류 상단	·점내 제반 집기류(행거 쇼케이스 선반 류 외)
전개 요소		·트랜드 제시(디자인 스타일 소재 색채 등) ·화제 및 이벤트성 테마 컬러적용 ·연간 계획에 의한 연출, ·조명 연출 효과 ·오브제 및 입체적 소도구를 이용한 연출(삼각 구성 외)	평면적 연출 혹은 단순 입체 구성(·FACE OUT 및 FACING진열) ·컬러코디(주목성) 중점표현(품목 스타일 색채 등)계획 ·조명연출 ·진열구 류, 소도구) 등 활용	·SLEEVE OUT ·컬러배열 ·수직배열 ·사이즈배열 ·스타일분류 ·소재분류
기능		보여줌	·보여줌 ·판매 유도	판매
담당	대형점	비주얼프리젠테이션 전문가	코너데코레이터	판매사원
	소형점	점 스스로 또는 전문 디스플레이어		

Source: Sim(2006)등 참고, 선행연구를 바탕으로 연구자 재구성.

작은 면적에 다양한 상품을 진열해야하는 편의점과 같은 소매점의 경우에는 연출상품의 비중이 극히 제한적이다. 따라서 이 책의 비주얼머천다이징의 협의적 관점은 상품의 전시적 효과를 위한 디스플레이 범주로 간주한다.

비주얼머천다이징이란 용어는 국내의 여러 연구에서 축약어로 VMD 혹은 VM으로 혼용하여 표기하고 있다. 원래 VMD는 일본에 의해 국내에 소개되어 고착화된 표기법이고, 미국과 유럽 등에서는 VM 또는 '비주얼머천다이징'을 그대로 사용한다. 따라서, 이 책에서는 비주얼머천다이징으로 통일하여 사용한다.

비주얼머천다이징의 개념 이전에는 '디스플레이'라는 용어가 디자이너의 기능과 상품 전개를 설명하기 위해 사용되었으며 디스플레이 디자이너의 책임과 일의 범위가 증대되자 그 모든 기능을 설명하기에는 부족하게 되었고 보다 넓은 의미가 필요하게 됨에 따라 '비주얼머천다이징'이 통용되었다고 보여 진다.

본격적인 비주얼머천다이징의 출현은 1976년 미국 소매업협회가 '비주얼머천다이징' 이라는 책을 출판하면서 부터이다. 70년대 후반부터 80년대 초 미국의 백화점이 판매가 저조한 시기로, 단지 상품을 판다는 머천다이징 본래의 의미만으로는 견디기 어렵게 되었다. 블루밍데일 백화점을 필두로 하여 차별화된 전략방법의 하나로 비주얼머천다이징 개념을 전개하기 시작하였다. 국내 유통의 발달은 미국과 일본의 영향이 크며, 비주얼머천다이징은 일본을 통해서 국내에 소개되었다.

비주얼머천다이징이 소매업에서 주목을 받게 된 배경은 라이프스타일에 대한 새로운 인식이 보편화되면서, 소비자의 구매동기의 변화를 이해하여 상품을 보여주는 새로운 방법의 필요와 관련한 유통시장의 변화 때문으로 설명되기도 한다(Lee, 1992; Sim, 1999).

비주얼머천다이징은 원래 판매원의 부족을 해소하기 위해 고객이 인적 서비스의 도움을 받지 않아도 만족스러운 선택과 구매를 할 수 있도록 매장을 연출하는 기법으로서 탄생했다. 그러나, 소매업체는 이미 브랜드나 점포 이미지에 의해 좌우되는 '점포 포지셔닝 전략시대'에 들어서게 되고, 현재는 점포 차별화에 의해 평가되는 상황에 이르렀다(Sim, 1999). 그 후 비주얼머천다이징이 점차 광의화 포괄화가 되면서 현재에 이르러서는 총체적 시각연출(Total Visual Presentation)인 비주얼머천다이징으로 발전하게 되었다.

비주얼머천다이징은 "소매기업의 판매목표를 달성하기 위해 고객의 트랜드를 예측하여 시각에 소구하는 상품 정책"(Youn & Kim, 2017)으로 매장환경에서 소비자의 구매심리에 직접 영향을 끼침으로 구매를 촉진하는 효과적 수단이 되고 있다. 따라서. 무인화가 가속화되는 현재의 유통시장 환경에서는 비주얼머천다이징이 더욱 중요한 전략기법이 될 수 있다.

비주얼머천다이징은 유통되는 상품을 이해하고, 시각적 전시 및 연출 활동 등 디스플레이 뿐 아니라, 매장 인테리어, POP(Point of Purchase), 점원 서비스 등과 같은 매장환경, 상품계획 및 판매촉진, 판매서비스 등 머천다이징 등 여러 가지 요소들을 연결하여 통일된 점포 이미지 및 브랜드 이미지를 형성하도록 하는 마케팅 전략이다(Kim, Song, & Hwang, 2012). 이와 동시에 기업의 CI(Corporate Identity) 표현전략이기도 하다(Park & Lee, 2008). 이로써 매장이나 브랜드 컨셉에 기초한 상품기획, 매장 환경 디자인(인테리어, 익스테리어, 디스플레이 등), 판매촉진(광고, 세일즈 프로모션, 진열상품 등), 고객 응대 및 서비스로 연관되어 있으며 상호의존적이다(Underhill, 2011).

최근 학자들은 제품구매 과정에서 소비자의 체험과 경험에 영향을 줄 수 있는 매장 밖의 건물디자인, 매장 내 인테리어, 점포의 공간구성, 제품 디스플레이, 조명, 음악, 점포 내 점원 등과 같은 여러 가지 환경적 요인 및 전체적인 쇼핑 환경 이미지가 소비자의 느끼는 감정과 제품에 대한 평가 및 구매행동에까지 미치는 역할의 중요성을 강조하고 있다(Gilboa & Rafaeli, 2003).

단순한 구색의 강화가 아니라 하나의 컨셉에 근거한 상품구성과 그에 의한 스토리 전개를 목표로 하는 인스토어 머천다이징은 진열만 강조해서는 안 되고 매장 그 자체에 스토리를 부여하여 고객에게 어필할 수 있도록 매력 있는 매장으로 만드는 것이 중요하다. 따라서 매장의 연출을 위한 스토리에 근거하여 효과적 연출과 매장 자체에 대한 커뮤니케이션 파워를 부여해야 한다. 즉, 매스컴이나 구전 등으로 상품정보는 얻을 수 있다 해도 상품과의 접점인 매장 자체의 파워가 구매행동에 큰 영향을 미치기 때문에 매장을 시각적, 감각적으로 돋보이도록 하는 연출이 중요하다. 이것이 바로 비주얼머천다이징이다.

비주얼머천다이징은 상품이 갖는 장점을 최대한 표현하고 기업의 브랜드 이미지를 체험하게 함으로써 모든 상품이 팔릴 수 있는 기회를 소비자에게 제공하여 판매율을 높이는 것으로 식품, 생활용품, 서적, 패션상품 등 모든 상품이 그 대상이 된다(Song, 2008).

소비자들은 이성적인 부분과 감성적인 것, 합리적인 것과 충동적인 성향을 동시에 내포하고 매장을 통해 즐거움을 얻고 문화적 자극과 아름다운 감성을 체험하기를 원한다. 따라서 통합적 마케팅 커뮤니케이션 차원에서 비주얼머천다이징은 브랜드마케팅에 있어 중요한 요소로 부각되고 있는 것이다. 최근 행해지는 비주얼머천다이징에 관한 연구에 따르면, 점포 내의 시각적 구성요소들이 소비자의 브랜드 이미지나 구매 의도 뿐 아니라 소비자 행동에 긍정적 영향을 미치는 중요한 변인임을 증명하고 있으며, 나날이 경쟁이 심화되는 현재와 같은 유통환경에서 비주얼머천다이징의 도입은 필수적임을 강조하고 있다(Boyce, Loyd, Eklund, & Brandston, 1996; Fiore, Yah, & Yoh, 2000; Kim, 2004; Park & Joen, 2007; Lee, 2008; Seo et al., 2017).

비주얼머천다이징의 목적

비주얼머천다이징의 목적은 상품기획, 디스플레이, 인테리어, 판매서비스 등을 통해 점포이미지와 상품이미지 및 브랜드이미지를 높임으로써 소비자의 구매 욕구와 기업의 판매 효율을 높이는데 있다. 또한 비주얼머천다이징을 기업이미지에 맞게 매장을 보다 효율적으로 구성하여 소비자가 만족 할 수 있게 하고 판매원의 상품 어드바이스의 역할을 비주얼머천다이징을 통하여 대행할 수 있으므로 자연히 판매원의 수를 줄여 인건비 절감에 의한 판매가격 절감의 효과를 낼 수 있다. 따라서 판매가격 절감은 기업의 이윤을 증대시키는 것뿐만 아니라 소비자에게는 가격만족을 주는 것이다(Park, 2006). 이러한 비주얼머천다이징의 목적은 상품과 브랜드의 이미지를 표현하기 위해서 고객을 끌어들이는 매력적인 매장이 되도록 하는 것이며, 판매자 측에게는 차별화 전략을 활용하여 초 경쟁 시대의 전략무기로 판매경쟁에서 우위를 차지하도록 하고 그 실천의 수단이 되는 전략이라고 할 수 있다(Park, 2012)

Jeon and Park(2005)은 비주얼머천다이징을 통한 소기의 성과는 기존 브랜드의 비주얼머천다이징 모방이 아닌, 자신의 브랜드에 맞는 고유의 비주얼머천다이징 전략이 이루어질 때 가능할 것으로 보인다고 하였다. 상품이 잘 팔린다는 것은 고객의 입장에서 보면 고객에 대한 소구 포인트가 명확하게 되어있고 가고 싶은 생각이 들게 하는 환경을 갖추어 분위기가 전달되는 매장이다. 이와 같이 고객을 끌어들이는 매력적인 점포를 만들기 위한 실천의 수단이 되는 것이 비주얼머천다이징이라 할 수 있다(Jeon & Park, 2005). 비주얼머천다이징은 고객과의 매개 역할을 하는 요소로써 고객과 점포의 상호접근이 쉽게 이루어지도록 하며, 정보의 전달과 상품 및 고객을 통합하여 즐거움과 흥분, 아름다움, 만족감 등을 통해 인간의 감각에 호소하는 커뮤니케이션이다(Lee & Lim, 2008).

비주얼머천다이징의 역할

비주얼머천다이징의 역할은 크게 소비자와 브랜드의 상호간 연결고리로서 커뮤니케이션 기능과, 구매 욕구의 자극수단 기능으로 나눌 수 있다. 먼저, '커뮤니케이션' 기능은 브랜드의 이미지를 전달하고 브랜드의 영속성과 관련된 핵심 역할이라 볼 수 있다. 비주얼머천다이징은 소비자와 브랜드 더 나아가 기업과의 연결고리 역할을 한다. 즉, 고객의 감성을 자극하도록 상품의 가치를 높여야 하고, 비주얼머천다이징 계획에 있어 회사의 경영방침과 목표를 이해하며, 합리적인 매장 판매환경 구성과 상품에 대한 이해와 정확한 지식이 필요하다. 또한 경쟁점의 전략을 철저히 비교, 분석, 검토, 평가한 결과를 토대로 고객의 감성을 자극하여 브랜드와 소비자의 거리를 좁히는 역할을 하는 것이 바로 비주얼머천다이징인 것이다(Lee, 2008).

두 번째, '구매 욕구의 자극수단' 기능은 판매 접점에서 고객과의 만남에 극적인 연출로 판매효과의 극대화를 이루어 매출로 이어지는 역할을 한다(Seo & Youn, 2016). 비주얼머천다이징의 대상별 역할을 기업과 매장, 고객으로 나누어 보면 기업은 머천다이징(라이프스타일 제안을 위한)을 어떻게 운영하여 고객의 공감을 얻어낼 것인가를 경영전략 차원에서 전개하여 기업과 상품(서비스)에 대한 신뢰감을 높이는 것이며, 매장은 상품제안의 방법을 고객의 요구에 맞도록 상품의 특성과 생활에서의 효용성을 제안하고 합리적인 진열배치로 팔기 쉽고 관리가 쉬운 매장을 만드는 것이며, 고객은 자신의 라이프스타일에 부합되는 상품을 즐거운 분위기에서 쉽게 선택할 수 있고, 상품에 대한 자긍심을 느끼게 하며, 다시 찾고 싶은 매장을 만드는 것이다(Shim, 2012).

그 중에서 매장영역의 역할은 첫째, 상품이 갖는 장점을 최대한 표현하는 것이다. 상품이 갖는 장점은 디자인, 가격, 색채, 규격, 재료 등이 복합된 것으로 어떤 것이 장점인지를 파악하여 고객에게 알려주는 것이다.

두 번째, 판매 적기의 상품을 선별 배치한다. 매장내의 상품은 모두 같은 시기에 팔려는 것이 아니라 시기에 따라 중점 상품이 다르므로 시기적절하게 잘 팔릴 수 있는 상품을 선정하여 눈에 띄도록 배치함으로써 고객에게 판매의도가 정확히 전달될 수 있도록 하는 것이다.

세 번째, 판매율을 높이는 것이다. 비주얼머천다이징은 아름답다는 것만으로는 부족하며 상품에 정보가치를 부여하고 특정 이미지를 만들어 고객의 손이 닿도록 하는 것이다.

네 번째, 모든 상품이 팔릴 수 있는 기회를 만드는 것이다. 고객은 처음부터 구석구석을 돌며 살피지는 않으므로 코너별 유도 포인트와 충분한 동선을 확보하며 연출하여 팔릴 수 있는 기회가 제공되도록 하는 것이다.

매입이나 기획단계에서부터 판매에 이르기까지 일관되게 움직여야하며 그 축의 역할을 하는 것이 비주얼머천다이징이다(Youn & Kim, 2017). 또한 비주얼머천다이징은 머천다이징, 인테리어, 디스플레이와 연계하여 펼치는 차별화된 마케팅 기법이다(Sim, 1998; Kim, Lee, Kim, & Seo, 2014).

2. 머천다이징의 개념

먼저, 머천다이징(Merchandising)이란 사전적의미로 제조업자나 유통업자가 시장 조사에 입각하여 적절한 상품의 개발이나 가격·분량·판매 방법 따위를 계획하는 것으로 상품화 계획이라고 한다.

Youn(1997)은 머천다이징(Merchandising)의 정의를 마케팅 관점에서는 "기업의 마케팅 목표를 달성하기 위해 특정상품과 서비스를 가장 효과적인 장소, 시기, 가격, 수량으로 제공하는 일에 관한 계획과 관리"라고 보았다.

미국 마케팅 협회(AMA)도 이를 "적절한 장소에서 적절한 시간에 적절한 가격과 수량으로 적절한 상품 또는 서비스를 판매하는데 필요한 계획과 통제"라고 하였다.

또한 소매업에서는 머천다이징을 다른 시각으로 보았는데, 즉, "유통기업의 판매목표를 달성하게 위해 고객의 트렌드를 예측하여 특정 상품의 상품기획 및 상품개발, 상품매입을 통하여 점포에서 효율적인 판매를 하는 일에 관한 계획과 관리"라 보았다. 이는 제조업도 포괄하는 의미인데, 소매기업에서의 '상품구색'을 의미한다.

머천다이징의 영역은 상품 구색과 구매 활동, 가격정책, 물류관련 재고 관리, 판매촉진, 커뮤니케이션 활동, 정보를 중심으로 광고 홍보를 머천다이징 관련 범위 영역으로 볼 수 있다. 머천다이징 활동의 객체가 될 고객의 수요에 적응시키고자 하는 소매상의 활동을 머천다이징이라고 할 때, 소매상이 적극 개입하여 고객의 니즈에 부응하여 상품의 구색을 맞추는 과정이라고 할 수 있다. 기존의 소매업의 패러다임인 "효율화의 추구"기반이라면 새로운 머천다이징 전략은 "점포 상품화 최적화"를 통한 소매업의 머천다이징을 실현하는 것이다.

소매업 머천다이징의 구체적인 내용은 먼저, 머천다이징의 대상이 되는 소비자분석, 이를 바탕으로 한 매입계획의 수립, 매입

계획과 맞추어 공급업체선정과 매입실행, 판매할 상품에 대한 가격결정, 다양한 형태의 시각적인 진열방식을 활용한 상품진열 및 판매, 상품을 소개하고 판매를 실행하기 위한 광고 및 판촉 실행을 통하여 머천다이징의 업무가 정리된다. 정리하자면, 소매기업의 머천다이징은 고객 기반을 통한 철저한 고객의 욕구를 반영한 것으로 체인 오퍼레이션의 표준화, 단순화, 집중화의 시스템적 특징을 살리지만, 표준화와 매뉴얼화가 주는 100인 1색의 점포 상품화 최적화를 통한 고객 수요 창조 머천다이징을 기반을 만들고자 함이다. 따라서 머천다이징이란, 개별 점포의 고객 수요의 성격, 시기, 수준에 적합하게 상품을 제공하고자 하는 활동으로 고객 기반의 일련의 활동을 제시하며, 이를 위한 상품이나 서비스를 제공하기 위한 효과적인 상품 믹스를 상품구색으로 정의할 수 있다.

상품화 계획의 목적을 달성하기 위하여 소매기업은 고객이 원하는 상품이나 서비스를 제공하기 위한 계획, 즉 효과적인 상품구색의 제공 계획을 통하여 믹스 전략을 추구하게 된다. Resenbloom(1981)는 이를 다음과 같이 설명했다. 즉, 4 단계의 상품 구색 요소의 계획 과정으로, 1단계는 고객 수요의 분석, 2단계는 상품 선정 계획, 3단계는 상품의 공급원 결정, 4단계는 상품의 판매를 제안하였다. 이중에 2단계인 상품선정계획과 3단계의 공급원 선정문제를 소매기업의 상품 전략의 중심이라고 하였다.

여기에서 2단계 상품 선정 계획이란 “고객 창조와 만족 수준의 향상을 위하여 고객에 제공하게 될 최량, 최적한 상품의 선택을 위한 계획"을 말한다. 이는 소매기업의 상품 전략으로서 4가지 문제에 대한 결정이 있어야 한다. 즉, 어떤 상품을, 언제, 얼마나, 누구로부터 구매할 것인가 하는 것으로서 이는 상품 전략의 수립에 있어서 중요한 결정변수가 된다.

먼저, '어떤 상품' 즉 구매상품의 결정(What to Buy)이란 특정 소매기업의 관점에서 고객에게 제공하는 상품구색에 어떤 상품계열(Product Line) 및 품목(Product Item)을 포함시킬 것인가 하는 문제이다. 상품계열이란 관련성이 있는 제품을 말하는데 기능이 유사하거나 동일한 소비자를 고객으로 간주할 수 있거나 동일한 유형의 소매점을 통해서 판매되거나 가격범위가 비슷한 상품들로 구성된다. 상품 품목이란 상표, 스타일, 크기, 색상, 원재료, 가격 등의 여러 가지 요인에 의해 구별이 되는 독특한 상품의 실체를 말한다. Markin(1971)은 상품구색은 계열과 품목에 따라 구분되는 전체 상품의 집합을 말하며, 소매 기업에 있어서 상품믹스가 된다고 하였다.

Bolen(1982)은 상품구색 선정에 있어서는 다양성(Variety), 넓이 또는 폭(Width), 깊이(Depth), 일관성(Consistency), 재고 균형(Stock Balance), 한 점포에서 취급하는 상품계열의 수를 의미하는 융통성(Flexibility)등을 고려한다고 하였다.

둘째, '언제' 즉 구매시점의 결정(When to Buy)은 상품의 종류와 특성에 따라서 결정되는데, 대형점의 경우 Mass Merchandising을 기반으로 대량 판매 능력과 수요 예측 능력이 있는 만큼 판매 시점보다는 구매시점을 앞당기려고 한다. 구매시점은 수요의 확보상황에 대한 정보를 더 많이 가지고 있는 소매점 측이 상품의 유통과정에 채널 파워를 먼저 형성하게 되는 것으로 공급자 위주의 SCM(Supply Chain Management)보다는 구매자 시점에서의 DCM(Demand chain management) 구축이 소매점의 주도권을 운용하게 된다.

셋째, '얼마나' 즉 구매량의 결정(How much to Buy)에 대하여 Alexander (1964)는 소매기업이 구매할 상품을 결정한 후에는 얼마나 많은 상품을 취급할 것인가를 결정해야 한다. 즉, 상품의 폭과 넓이에 대한 계획이 수립되어야 한다. 이를 다시 이야기하면 얼마나 많은 상품계열을 구색에 포함시킬 것인가, 또 상품계열에는 얼마나 많은 품목을 포함시킬 것인가 하는 문제가 된다. Evans and Berman (2013)는 상품구색의 전략에서 4가지 유형의 매트릭스 군을 통하여 백화점 형, 편의점 형, 전문점 형, 일반잡화점 형으로 구분하여 장단점을 제시하였다.

넷째, '누구로부터' 즉 공급원의 결정(Where to Buy)은 적합한 공급자의 요건 및 구매를 소수의 공급자에게 집중할 것인가, 또는 다수의 공급자에게 분산할 것인가 등을 결정하는 문제이다. 특히 공급자의 수에 관한 결정에서는 집중구매와 분산구매의 장단점을 비교하면서 상황에 따라야 한다. 국내 진출 다국적 소매기업들은 자사의 품질 규격, 검품 시스템, 물류 순환시스템과 연동이 되는 업체를 선정하여 공급원을 결정하므로서 국내 공급원들의 수준을 한 단계 도약 시킨 결과를 가져 왔다.

이러한 적절한 머천다이징의 결과로 고객은 원하는 상품을 원하는 가격에, 원하는 수량을, 원하는 시기에, 원하는 장소에서 구입할 수 있게 된다. 그런데 원래 이는 협의의 상품화 활동으로서의 상품화 계획, 상품구매활동, 가격설정활동, 재고관리 및 판매 활동 등이 포함되어 있으므로 이는 소매유통활동 그 자체를 총칭하는 소매업의 영업활동으로 이해될 수 있다.

3. 인테리어의 개념

인테리어란, 건축물의 주어진 내부 공간을 효율적으로 만들기 위한 목표를 가지고서, 주어진 예산 내에서 쾌적하고 능률적인 환경을 종합적으로 창조하는 공간 계획을 실내디자인 또는 인테리어디자인이라고 한다(Kim, 1991). 인테리어디자인은 건물 내·외부를 용도에 맞게 심미적으로 여러 가지 이미지를 결합하여 새로운 스타일의 이미지를 구성하는 일이나 기술로 과거에는 건축물과 실내구조 주체와 분리하여 단순한 '내장'의 의미가 강했으나 20세기에 들어서면서 실제 생활과 밀착되어 기능적으로 조화를 이루는 공간이 구성되어야 한다는 합리적인 생각으로, 장식보다는 설계로서의 기술이 요구되고 있다(Lee et al., 2010).

점포 인테리어는 차별화된 브랜드 이미지와 아이덴티티(Identity)를 제안하면서 고객과 교감할 수 있는 감성적 공간으로, 제품을 더욱 각인시키는 것뿐 아니라 생활문화의 흐름을 표현하고, 미래적 방향을 제시하는 역할을 한다(Kang, 2008).

인테리어라는 것은 물리적 환경이라 볼 수 있는데, 물리적 환경은 매우 복잡한 자극들의 상호 작용을 통해 서비스의 특별한 이미지를 표현하고, 특정 감정의 반응을 이끌어 내는 것이다(Zethaml. 2006). 비주얼머천다이징 관점에서 점포 인테리어는 공간 디자인, 실내디자인의 개념으로 단순한 장식이 아니라, 점포와 브랜드 이미지를 고객에게 전달, 커뮤니케이션 할 수 있는 공간이므로, 상품에 대한 충분한 이해 없이 심미적인 것에만 중점을 둘 경우 효과적 연출 및 브랜드 컨셉의 전달이 어렵고, 상품판매 목적을 이루지 못하거나 브랜드 이미지 가치를 저하시킬 뿐 아니라 상품관리와 서비스에 불편을 초래할 수 있다(Seo & Youn, 2016).

4. 디스플레이의 개념

디스플레이는 라틴어의「Displico」또는「Displicare」에서 파생되었고, 접는다(to fold), 보인다(to show). 열다(to unfold) 전개하다(to spread out)의 의미로 발전하였으며, 이후 그 의미는 전시하다, 설명하다. 의미가 강한 전시 (exhibition) 또는 명시하다(manifestation)로 변천하였다.

즉, 고객에게 효과적인 소도구를 활용하여 시각적으로 상품을 연출, 진열함으로써 고객의 구매 심리를 자극하는 것이다(Lee, 1995).

Ra and Han (2008)에 의하면 비주얼머천다이징은 단순히 소비자에게 상품을 판매하는 것이 아니라 상품을 보다 효과적으로 전달하여 심리적인 구매욕을 일으켜야 한다고 하였다. 이것은 구체적으로 디스플레이를 통해 제품에 관한 정보를 소비자에게 시각적으로 전달할 수 있어야하며, 디스플레이의 다양한 요소가 정보전달의 수단으로 매장 내 중요한 역할을 한다고 보았다. 또한, 비주얼머천다이징은 기업의 이미지와 소비자가 지향하는 이미지를 구체화시키는 것으로 원활한 마케팅 활동을 목적으로 시각적 영역을 강조하는 개념인 데에 반해, 디스플레이는 미적 감각을 가지고 아름답게 장식하며 편리한 상품구매가 가능하도록 만들어 주는 전시로 해석된다고 하였다. 이러한 전시의 개념이 강한 디스플레이와 비상업적 디스플레이의 범위까지 포함하는 광의의 개념의 디스플레이는 2000년대에 들어서면서 오히려 협의의 개념인 상업적 디스플레이의 개념이 강조되어진다고 보며 비주얼머천다이징의 개념에 입각한 효율적인 디스플레이가 더욱 요구되고 있는 실정이다.

소매점 경영에 있어서 시장의 욕구와 일치하는 상품구성을 가장 효과적인 방법으로 소비자에게 진열·전시해야 소기의 성과를 얻을 수 있다고 연구되어져왔다(Cox, 1964; Hubbard, 1969; Curhan, 1972; Kim & Gang, 1995). 이와 관련한 선행연구에 따르면, 선반 진열의 면적과 선반 진열의 높이, 진열 방법에 따라 매출액의 변화가 있었다. Cox (1964)의 충동구매 제품과 선반 진열면적과의 관계에 관한 연구에 의하면, 자주 팔리는 충동재는 선반 진열 면적과 유의한 상관관계를 가졌고 가끔 팔리는 충동재는 선반진열면적과 관계가 없었다. Curhan (1972)은 자가상표가 제조업자 상표보다 면적 탄력성이 컸으며, 충동구매 제품이 고정재보다 면적 탄력성이 컸다고 밝혔다. Kim and Gang (1995)은 편의점의 진열 효과에 관한 유사실험 연구에서는 우유, 삼각김밥과 같은 목적 구매 상품은 선반 진열높이가 매출에 영향을 미치지 않았으나, 캔 음료 상품군과 같은 충동구매 상품의 경우 선반 진열높이가 중요한 변수이며 눈높이 라인이 존재한다고 주장하였다. 진열은 VP, PP, IP에 모두 포함된다. 이러한 비주얼머천다징의 구성과 범위는 〈그림 5-1〉과 같다.

[그림 5-1] Conceptual visual merchandising and area

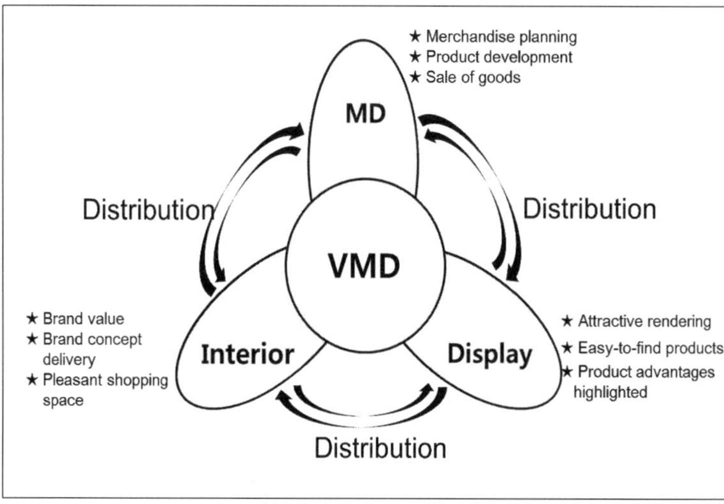

Source: Seo and Youn(2017)등 선행연구를 바탕으로 연구자 재구성.

第6장 무인점포의 비주얼머천다이징 구성요소

Cho et al. (2002)은 시스템이란 추상적인 개념으로 다양하게 정의되지만, 통상적으로 "전체적으로 통일된 하나의 개체를 형성하면서 상호작용을 하는 구성요소들의 집합체"를 의미한다고 하였다. 즉, 하나 또는 그 이상의 공동목표를 달성하기 위하여 투입물을 산출물로 전환시키는 체계적인 처리과정(Process) 내에서 상호작용하는 구성요소들의 유기적 결합체를 의미하는 것이다(Cho et al., 2002).

비주얼머천다이징은 다양한 요소로 구성된다. Jeon and Park(2005)은 비주얼머천다이징의 차원을 점포의 물리적 환경요소, 분위기 요소, 디스플레이로 구분하였다. 나아가 비주얼머천다이징 인지 관련 측정도구를 개발하였는데, 조화성, 적합성, 유행성, 매력성, 기능성으로 구성요소를 분류하여 소비자들이 지각하고 평가하는 비주얼머천다이징의 하위 구성요소는 CI, BI와 같은 점포나 브랜드 아이덴티티, 색채, 인테리어, 조명, 진열, 연출, POP, 종업원 등과 같은 브랜드 이미지를 반영하는 매장의 특성들이 포함된다(Jeon & Park, 2005).

Shin and Kim(2002)은 구매에 영향을 미치는 비주얼머천다이징 구성요소로 상품의 진열공간과 공간구성, 매장의 색채, 조명, 소도구 순으로 분류하였고, Lee and Song(2009)은 매장 외관, 윈도우 디스플레이, 실내장식, 제품진열방식, 정돈상태, 내부 동선, 조명, 음악, 소도구, 색채 등으로 구분하였다. Ko and Suh(2010)는 디스플레이, 매장분위기, 쇼핑편의 레이아웃, 프로모션, 파사드의 5개 요인으로 분류하였다.

이 책의 비주얼머천다이징 관점에서의 무인점포 운영시스템은 머천다이징 영역과 인테리어 영역 그리고 디스플레이 영역에서의 구성요소들의 결합이라고 보고 각 구성요소를 하위분류하였다.

1. 머천다이징 영역

Hwang and Lee (2014)는 입지요인이 매출과 수익에 유의한 영향을 미친다고 주장하였으며, 특히 경쟁요인은 그 영향정도가 모든 입지 중에서 가장 큰 것으로 보고하였다. Park(2003)과 Lee(1998)도 유사한 연구방법으로 연구한 결과, 가시성과 접근성 항목인 점포 앞 도로 차선이 넓은 곳, 코너 형 점포 버스정류장 횡단보도와 인접한 곳에 편의점 수가 많은 것으로 나타나 접근성과 가시성이 중요한 입지요인임을 제시하였다. 따라서 이 책은 무인점포의 운영시스템을 결정하는 요인으로 입지와 상권을 선정하였다.

Convenience Store Operation Trend(2012)에 따르면 편의점 1개당 평균 면적은 2012년 기준 22.1평, 평균 취급상품 품목 수는 3,366개로 1평당 약 152개의 상품이 진열되어 있는 것으로 나타났다. 이와 같이 작은 면적에 많은 상품구색을 갖추어야 하는 편의점 시스템 특성상 진열 상품 품목은 최대한 여러 종류로 소량을 취급하는 전략적 선택은 효율적 점포관리의 중요한 요소라고 할 수 있다. 프랜차이즈 편의점은 이러한 공간적 제약을 극복하기 위해 수시로 진열상품의 성과를 평가하고 있으며, 평가 결과를 통하여 매년 판매상품 품목 중의 50%가 넘는 제품들이 신제품으로 교체되는 것으로 나타났다.

다른 업태보다 비교적 좁은 공간에서 운영되는 편의점 업태의 특성으로 신상품의 비중은 편의점 운영 효율화를 위한 중요한 요인이라고 할 수 있다. Baek(2006)은 편의점은 업태 출범 이후 현재까지 좁은 공간에서 최대한의 효율을 내기 위해 고마진의 신상품을 매우 활발하게 기획, 출시해왔고 이것은 경영 효율화에 긍정적인 영향을 미치며 향후 성장전략 중 하나라고 언급했다. 따라서 이 책은 무인점포의 운영시스템을 결정하는 요인으로 상품 구성을 선정하였다.

점포 운영을 위한 전반적인 유통정보시스템은 유통활동을 효율적으로 지원하기 위한 데이터베이스로, 구매 관리 시스템, 주문처리 시스템, 출하/재고관리 시스템, 실적관리 시스템, 수요예측 시스템, 배송관리 시스템, 연계시스템, 대금관리 시스템을 포함하고 있어야 한다. 특히, 유통정보시스템 중 POS(Point of Sale) 단말기는 소매점의 거래를 위하여 별도 제작된 전용 컴퓨터라고 할 수 있는데 무인점포의 경우 POS 시스템을 더욱 이해하고, 무인점포에 적합한 기능을 마련할 필요가 있다.

편의점은 POS단말기를 이용하여 본부로부터 각종 데이터를 POS로 전달한다. POS의 기능은 크게 나누어 등록관리, 조회관리, 점검관리, 기타관리로 나누어 볼 수 있으며 각각에 대한 기능을 소개하면 다음과 같다(Cho et al., 2002).

첫째, 등록관리는 POS에서 발생되는 각종거래의 등록에 대한 조작 시 발생하는 여러 가지 경우에 대한 기능을 의미한다. 교대관리, 판매등록, 박스/쇼핑백/공병 등의 판매 및 회수, 직전 취소, 지정 취소, 고객 반품, 지불 수단, 연습 모드, 외환 환율 수신이 이에 포함된다.

둘째, 조회 관리는 일일운영 중에 POS의 회계관리를 위해 POS단말기를 이용하여 실적을 집계하는 기능을 의미한다. 수표 조회, 상품권 조회, 카드/직불/PP승인 조회, 고객 조회, 배송조회, 전자저널 점검이 이에 포함된다.

셋째, 점검관리는 점포 내의 전산자원에 대한 원활한 가동을 위해 본부와 점포와의 데이터 송수신 관리 및 POS 운영 프로세스 관리를 지원하는 기능을 의미한다. 중간입금, 시재 점검, 마스터 송/수신, 결락 데이터 전송, 집계 점검 기능이 이에 포함된다.

넷째, 기타관리로는 계산원별 정산, POS 회계자료 출력, 메시지 관리 기능이 이에 포함된다.

1990년대 말 이후 인터넷 기술의 급속도로 발달되면서 POS에서도 Web환경이 접목되어 인터넷을 통한 Web POS로 현장의 상황이나 필요한 정보를 언제, 어디서나 실시간으로 확인 및 관리 할 수 있으며, 원격지의 시스템 유지관리 및 데이터의 정보교환이 용이하게 되었다.

이러한 POS 시스템 및 각각의 상품의 정보가 담긴 일련의 코드가 부여된 것을 인식하여야 한다. 기존의 공통코드는 크게 바코드, 매트릭스형 코드, 심볼로지 등이 있고, 국내에서는

KAN(Korean Article Number)이라 불리는 공통상품코드를 사용한다. KAN은 각 판매용 모든 제품에 그 제품의 유일한 식별 번호가 부여된다는 매우 단순한 사실에 그 기초를 두고 있다.

중국 편의점 경우 상당수 모바일화가 되어있다. 중국체인경영협회와 보스턴컨설팅그룹이 발표한 '2017 중국 편의점 발전 보고'에 따르면 2016년 기준 중국 내 프랜차이즈 편의점의 숫자는 10만 곳, 브랜드는 260가지, 매출은 1300억 위안(약 21조2745억원)에 달한다. 45%에 해당하는 고객이 온라인을 통해 편의점 서비스를 이용한다. 모바일 결제 모듈을 도입한 편의점은 97% 비중을 차지하고 있으며, 핵심은 '결제' 방식이라고 보았다(KOTRA, 2017). 따라서 이 책은 무인점포의 운영시스템을 결정하는 요인으로 POS 시스템에서 다루는 고객의 출입인증, 상품정보 인식 및 관리, 구매, 결재, 보안을 선정하였다.

Jeo et al.(2014)는 무인으로 활용된 물류수송은 학계에서는 연구차원의 개별적 기능검증 논문이 보고되어 있는 수준이지만 국제무인시스템협의 발표를 빌어서 유무형의 경제적 효과를 가져 온다고 하였다. 그러나 기술적 난제 뿐 아니라, 민간공역, 물적 심적 피해 등과 같은 법적 문제도 같이 해결해야한다고 주장하였다. 따라서 이 책은 무인점포의 운영시스템을 결정하는 요인으로 물류시스템 중에서 상품 구매 후 온·오프라인으로 이루어지는 상품 배송과 택배서비스를 선정하였다. 이것은 비주얼머천다이징 관점에서 바라본 머천다이징의 프로모션과 함께 기타 서비스로 간주하였다. Youn and Kim (2017)은 머천다이징의 운영시스템의 구성요인은 소매업의 개성화 차별화 방안으로 입지,

환경, 상품, 분류와 광고 등에 적용할 상품정보, 서비스, C.I(Store Image 포지셔닝)라고 규정하였다.

[표 6-1] 머천다이징 영역에서 비주얼머천다이징 구성요소

구분	구성요소	세부항목
머천다이징 측면	1.입지나 상권	소재지
		매장 면적과 규모
		가시성 및 접근성
		상권 내 경쟁 점
	2.브랜드 아이덴티티	CI, BI, 로고마크, 로고 등 점포나 브랜드이미지
	3.상품구성 및 레이아웃	상품 기획, 상품 량, 주력상품, 보완상품, 편의상품, 신상품, 할인상품 등 상품군별 분류 배치
	4.인증시스템	회원등록여부, 입출입방식
	5.상품정보 인식 및 관리	바코드, QR코드와 같은 표식과 인식기
		상품 군별로 분류, 상품 코디네이션, 연계구성, Brand, Package(포장단위 변경, 고급화)
	6.구매 및 결재시스템	고객의 상품 선택, 반품, 결재방식
	7.보안시스템	감시카메라. 반사경, 신속한 대응력
	8.판매원	판매원수, 판매원의 포지셔닝(위치배정과 역할), 근무시간, 복장, 친절, 전문성
	9.프로모션과 기타 서비스	택배서비스, 할인행사, 시즌 홍보, 기타 광고를 포함한 각종 이벤트

Source: Youn and Kim (2017b)등 선행연구를 바탕으로 연구자 재구성

운영자적 영역에서는 최소한의 운영비용으로서, 입지나 상권 선택, 임대료, 상품구입비, 직원 고용 및 교육비, 점포 운영 관리비, 물류비를 감안해야하고, 브랜드 아이덴티티와 같은 기업 컨셉 등이 인식되어야 한다. 머천다이징 영역에서 소매점 비주얼머천다이징 구성요소는 〈표 6-1〉와 같다.

따라서 이 책의 무인점포 비주얼머천다이징 구성요소 중 머천다이징 영역에서는 Baek(2006), Hwang and Lee (2014), Jeo et al.(2014), Youn and Kim (2017)등을 참조하였으며 입지나 상권, 브랜드 아이덴티티, 상품구성 및 레이아웃, 인증시스템, 상품정보 인식 및 관리, 구매 및 결재시스템, 보안시스템, 판매원, 프로모션과 기타 서비스로 9개를 추출하고, 주요 요소 총 13개 항목을 구별하였다.

입지나 상권은 소매점의 위치, 면적규모 등이 포함된다. 브랜드 아이덴티티는 기업 컨셉, 로고, 로고마크 등이 포함된다. 상품구성에는 상품 기획, 상품 량, 주력상품, 보완상품, 편의상품, 신상품, 할인상품 등으로 상품 군별로 분류가 포함되며 상품군별 배치는 매장 레이아웃이 포함된다. 인증시스템에는 회원등록 여부, 입출입방식이 포함된다. 상품 인식 및 관리는 상품을 인식할 수 있는 바코드, QR코드와 같은 표식과 그것을 읽고 인식하는 인식기, 상품 코디네이션, 연계구성, Brand, Package(포장단위 변경, 고급화)가 포함된다.

구매 및 결재시스템은 고객의 상품 선택, 반품, 결재방식이 포함된다. 보안시스템에는 최소한의 감시카메라. 반사경, 신속한 대응력 등이 포함된다. 판매원은 판매원 수, 판매원의 포지셔닝

(위치배정과 역할), 근무시간, 복장, 친절, 전문성이 포함된다. 프로모션과 기타 서비스는 택배서비스, 할인행사, 시즌 홍보, 기타 광고를 포함한 각종 이벤트 등이 포함된다.

2. 인테리어 영역

소매점의 물리적 요소(제품, 위치, 환경, 마감재, 공간, 색깔, 분위기 등)는 특히 중요하여 비주얼머천다이징 구성요소 중 특히 물리적 환경이 강조되었다. 소매점의 물리적 요소는 다시 점포 외 및 내적 요소로 분류되기도 하였으나 매장 분위기(storeatmosphere)처럼 점포 내·외적 단서를 모두 반영하기도 한다. 소매점 브랜드 개발과 관련한 이전의 연구들은 제품, 분위기, 점포 내 프로모션, POP, 건축적 요소 등 물리적 환경에서 얻어지는 점포 내 영역에 관심이 있었다(Davies & Ward, 2005).

물리적 환경은 Kotler(1973)의 연구에서는 물리적 환경에 대해 분위기(Atmosphere)란 용어를 정의하면서 물리적 구조, 물리적 자극, 상징적 조형물로 분류하며 마케팅도구로서 처음 간주하였다. 분위기의 요소로는 시각적(Visual), 청각적.(Aural), 후각적(Olfactory), 촉각적(Tactile)요소로 간주하였다. 또한 물리적 구조로 복도, 출입구, 가구배치, 좌석의 배치 등을 말하며 물리적 자극은 주의력을 방해하는 전화벨소리, 시계소리, 인터폰소리와 같은 소음과 커피, 담배 냄새와 같은 냄새, 향기와 같은 청각과 후각을 자극하는 것으로 설명하였다. 또한 상징적 조형물로 디자인, 가구 배치의 형태, 벽면의 색채, 전시된 사진 등을 들고 있다.

Baker(1987)의 연구에서는 물리적 환경의 범주를 주변 요소, 디자인 요소, 사회적 요소로 분류하였다. 디자인요소는 다시 심미성과 기능성을 기준으로 고객이 인지할 수 있는 가시적 요소로서 건축미 등의 미적요소(Aesthetic Factors:시각적 즐거움과 관련)와 레이아웃, 안정성 등의 기능적 요소(Functional Factors: 실제적 유용성)로 구분된다.

Bitner(1992)는 물리적 환경을 SBE(Servicescapes-Built-Environment)라고 표현하면서 자연적 사회적 환경과 분리된 개념으로 인간이 만든 객관적이고 물리적인 환경이라고 정의하였으며, 주변요소, 공간적 배치와 기능성, 표지판 및 상징물 조형물의 세 가지 범주로 분류하였다.

이러한 연구 이후 물리적 환경은 정의와 구성요소가 더 확장되면서 Turley & Milliman(2000)은 서비스 환경을 세분화하여 외부적 변수, 인테리어 변수, 구매 지점과 장식 변수, 레이아웃과 디자인 변수, 인간 변수 의 총 5가지 변수 외에 하부 세부항목들을 지정하고 있다.

Rosenbaum(2005)과 Rosenbaum & Massiah(2011)도 단순히 물리적 환경만이 국한되는 것이 아니라 사회적 차원과 상징적 차원들도 포함하며 확장된 개념으로서의 서비스스케이프의 모델을 제시하면서 종사원과 타 고객, 사회적 밀도, 특정 집단의 상징성 등의 사회적 영역에 포함되는 요소들이 포함되어 다루어졌다.

물리적 환경은 서비스 스케이프, 분위기, 환경적 단서(enviromentalcues), 인테리어 등의 용어가 혼재되어 사용되고 있는데 사실 이 용어들의 정의는 연구자에 따라 약간의 차이는 있으나 그 의미에서는 서비스 산업의 물리적 환경을 의미한다는 공통점이 있다. 그리고 소매 유통환경에서는 실내디자인, 인테리어라는 용어로 사용되어 진다. 훌륭한 인테리어 디자인은 고객 홍미를 유발하고, 고객의 심리적 장벽을 낮추며 구매결정을 도와주기 때문이다(Kerfoot et al., 2003). 인테리어 영역에서 소매점 비주얼머천다이징의 구성요소는 [표 6-2]과 같다.

[표 6-2] **인테리어 영역에서 비주얼머천다이징 구성요소**

구분	구성요소	세부 항목
인테리어 측면	1. 구조적 공간	바닥 마감재, 색깔, 청결/정리정돈, 분위기
		벽 마감재, 색깔, 청결/정리정돈, 분위기
		천정 마감재, 색깔, 청결/정리정돈, 분위기
	2. 집기	홍보용 매대, 경사 혹은 계단 형 선반대, 수납장
	3. 조명	전체 조도와 직접조명과 간접조명, 조명 기구 등
	4. 음향	매장 내·외부에 스피커를 설치한 음향, 차음, 소음 등
	5. 매장 전면 외관	간판: 전면 간판, 돌출간판
		출입구: 기둥, 출입문, 계단, 데크 등

Source: Kotler(1973)등 선행연구를 바탕으로 연구자 재구성

따라서 무인점포 비주얼머천다이징 구성요소 중 인테리어 영역에서는 Kotler(1973), Baker(1987), Bitner (1992), Kerfoot et al.(2003)를 참조하였으며, 이 책의 업태에 맞게 일부 수정하였다. 인테리어 영역에서 구성요소는 바닥, 벽, 천정과 같은 구조적 공간, 집기, 조명, 음향, 매장 전면 외관(파사드: Façade)로 주요 요소 5개를 추출하고, 총 8개 항목을 구별하였다.

매장 환경의 전반적인 공간 분위기를 조성하는 바닥, 벽, 천정의 마감재, 청결/정리정돈, 색깔 등이 구조적 공간에 포함된다. 집기는 상품을 진열 또는 연출하기 위한 집기로, 홍보용 매대, 경사 혹은 계단형 선반대, 수납장 등이 포함된다. 조명은 매장 전체 조도와 직접조명과 간접조명, 조명 기구 등이 포함된다. 음향은 매장 내·외부에 스피커를 설치한 음향, 차음, 소음 등이 포함된다. 매장 전면 외관(파사드: Façade)은 전면 간판, 돌출간판, 기둥, 출입구 계단, 데크, 출입구 등이 포함된다.

3. 디스플레이 영역

Omar(1999)가 분류한 인테리어 디스플레이의 3가지 유형(제품 디스플레이, 축적 디스플레이, POS 디스플레이) 중에 Kerfoot et al, (2003)는 디스플레이와 관련된 주요 구성 요소는 레이아웃, 집기, 제품, 전시 기술, 색상, 포장 등으로 정의하였다.

Shin and Kim(2002)은 구매에 영향을 미치는 비주얼머천다이징 구성요소로 상품의 진열 공간, 공간 구성, 매장의 색채, 조명, 소도구 순으로 분류하였다.

Kim(2004)은 의류점포의 비주얼머천다이징 환경요소를 디자인

요소(마네킹/바디 폼, 벽과 바닥의 재료, 질감, 색, 간판, 판매 카운터 위치, 조명, 윈도우 디스플레이, 디자인/장식), 점포의 편리성(청결성, 배치, 종업원과 교류의 편리성, 점포 내 이동의 편리성), 상품 평가의 용이성(고객 휴식 공간, 상품 시착, 탈의실, POP, 디스플레이, 상품 디스플레이), 분위기(향기, 배경 음악, 예술적 분위기, 온도) 등으로 분류하였다. 이것은 디스플레이가 상품 전시, 연출, 진열 등 상품에 관련한 비주얼머천다이징의 협의의 의미로 이해되었음을 의미한다. 특히, 디자인요소의 윈도우 디스플레이는 VP공간의 영역이며, 상품 평가의 용이성에서 POP(Point of Purchase)디스플레이, 상품 디스플레이는 VP공간, PP공간 IP공간에서 소비자를 위한 상품 홍보, 상품 정보, 안내, 상품 전시의 영역이라고 보여 진다.

Park and Lee(2005)는 비주얼머천다이징 구성요소를 음악, 색채, 조명, 디스플레이, 실내장식과 같은 점포 분위기 요소, 외모나 친절의 판매원 요소, 혼잡성, 탈의실 등의 쇼핑 편의성 요소, 점포 정책, 품질, 가격 등 제품 관련 요소로 분류하였다. 이것은 제시한 구성요소를 제외한 나머지가 디스플레이영역의 구성요소임을 의미한다.

Lee(2009)는 매장의 실내 색상과 진열된 상품 수량이 점포이미지와 선호도에 영향을 주는 것을 밝혀 비주얼머천다이징 구성요소는 소비자의 점포이미지와 선호도에 영향을 주는 중요한 변인임을 입증하였다.

Ra and Han(2008)은 비주얼머천다이징의 디스플레이 요소에서 POP와 오브제 연출에 관한 연구를 하였는데, 그중 POP는 상품 유무, 상품 종류, 상품 소재, 상품 효용, 상품 명칭과 가격 등을 고려한 판매의 보조수단이 되어야한다고 하였다. 또한, POP의 역할은 고객의 구매 활동과 구매 촉진을 위한 하나의 수단이자 방법이므로 판매원을 대신하여 상품의 용도, 규격, 가격, 사용법, 관리법 등을 알려주어야 한다고 보았다.

따라서 POP는 무인점포의 경우 판매자를 대신해 더욱 중요한 역할을 할 것으로 보이며 판매수단으로서 비중 또한 높다고 할 것이다.

따라서 무인점포 비주얼머천다이징 구성요소 중 디스플레이 영역에서는 Shin and Kim(2002), Kerfoot et al, (2003), Kim(2004), Park and Lee(2005), Lee(2009)등을 참조하였으며, 이 책의 업태에 맞게 일부 수정하였다. 디스플레이 영역의 구성요소는 비주얼머천다이징의 협의의 개념에서 상품 전시 및 진열 연출 위주의 VP, PP, IP, POP, 소도구로 주요 요소 5개를 추출하고, 총 7개 항목을 구별하였다. 디스플레이 영역에서 소매점 비주얼머천다이징의 구성요소는 [표 6-3]와 같다.

점두나 출입구에 바로 놓인 홍보 및 시즌 행사상품을 연출한 것은 VP에 포함된다. 선반 진열대에서 맨 위 상단, 통로의 전면에 보이는 진열대 영역부분, 기둥면에 연출된 상품과 페이싱 진열, 포인트 진열은 PP에 포함된다. 냉장진열대와 각각의 선반 진열대에 디자인별, 아이템 별, 치수 별 등으로 구분된 진열은 IP에 포함된다. 가격표, 현수막, 출입 인증방식, 무인점포 사용방식, 결재방식의 안내문, 개별 상품광고 브로슈어와 같은 홍보문, 상품 정보문, 담배 부분의 디지털 사이니지 등과 점포 내

로고, 로고마크, 상품 브랜드별 구역에 표기된 브랜드 사이니지 등이 POP에 포함된다.

[표 6-3] 디스플레이 영역에서 비주얼머천다이징 구성요소

구분	구성요소	세부 항목
디스플레이 측면	1. VP	연출: 입체감, 시즌감, 전시, 출입구에 바로 놓인 홍보 및 시즌 행사상품을 연출
	2. PP	연출: 선반 진열대에서 맨 위 상단, 통로의 전면에 보이는 진열대 영역부분, 기둥면에 연출된 상품
		진열: 페이싱 진열, 포인트 진열
	3. IP	진열: 디자인별, 아이템 별, 치수 별 등
	4. POP와 사이니지	가격표, 현수막, 안내문, 홍보문, 상품 정보문, 디지털 사이니지 등
		브랜드 사이니지: 점포 내 로고, 로고마크
	5. 소도구	상품 포장지, 진열 용기, 카트, 장바구니 등

Source: Kerfoot et al, (2003)등 선행연구를 바탕으로 연구자 재구성

제 4 부

무인점포의 유형 분석

제7장 해외 무인점포 현황

해외의 대표적 무인점포로 스웨덴의 리하손, 일본의 로손, 중국의 빙고박스, 미국의 아마존 고를 살펴보았다.

최초의 무인점포인 스웨덴의 리하손은 2016년 1월 남부 비켄에 무인점포를 열었다. 리하손의 무인점포 운영시스템은 다음과 같다. 스마트폰 앱을 통해 매장 입장 및 결제가 모두 자동화된다. 입점은 스마트폰 앱 가입자에 한하며 편의점 자동문은 센서를 통해 앱을 감지하여 8초 동안 열린다. 편의점 입점한 고객의 앱은 자동스캔모드로 변환되어 계산대에서 상품의 바코드를 접촉하면 미리 입력된 카드정보로 자동 결제되는 방식이다. 보안으로는 감시카메라가 6대 설치되어있고 입점순간에 고객의 입점 정보와 구입물품 정보가 앱을 통해 전달된다(heraldk.com, 2016). 리하손이 비켄에 24시간 무인점포를 개설한 이유는 노년층이 많고 청년이나 아동은 매우 적은 인구 구성비율 때문에 어린이나 청년을 위한 상품판매 매장이 거의 없고, 24시간 근무할 인력 수급이 어렵기 때문이라고 설명하였다.

1. 일본의 무인점포

일본의 델리스는 1996년부터 무인 자판기점으로 시작한 무인점포이다(Shim, 1998). 일본은 정책적으로 편의점과 IT기업, 식품제조업체, 물류업자 등으로 구성된 협의체를 발족하면서 무인

계산대를 2018년 이후부터 수도권과 도심 지역 점포부터 배치하기 시작하여 2025년까지 주요 편의점 5개사(세븐일레븐 · 패밀리마트 · 미니스톱 · 로손 · 뉴데이즈)가 전 점포 편의점에 도입할 방침이라 하였다. 점포의 모든 상품에 무인 계산이 가능하도록 IC태그를 부착하고 무인 계산대는 이 태그가 붙은 물건이 담긴 바구니를 올려놓기만 하면 그 안의 모든 상품을 순식간에 계산할 계획이다(Kim, 2017). 일본은 무인점포의 큰 특징은 자판기 형태의 폐쇄 진열 형식이라고 볼 수 있다. 현재 5만 5000여 점포가 넘는 일본 편의점시장은 이미 포화상태이기 때문에 도심 오피스 건물이나 공장, 휴게소 등 작은 공간에 설치가 가능하며, 도시락 제품 구입이 가능한 '자판기형 편의점'의 발전이 유리하였다. 자판기 편의점 분야에 가장 먼저 진출한 패밀리마트는 간토, 간사이 지방을 중심으로 현재 2,100여대의 자판기형 편의점을 운영중이고, 세븐일레븐도 2019년 2월까지 자판기형 편의점을 일본 전역에 500개소 가량 늘릴 계획이다(Kim, 2017).

로손 편의점은 매일 24시간 365일, 일본 전국의 만 여 점포에서 로손은 약 3,000 종의 상품을 취급, 판매하는 편의점이다.

로손의 무인점포 운영시스템은 다음과 같다. 까페, 페스트푸드, 베이커리, ATM, 의약품, 매일배송 신선식품, 가공식품과 디저트를 포함한 일상 식품, 택배서비스, 책, 잡지, 복사와 팩스서비스, 티켓 예매서비스, 복권 서비스와 같이 국내 일반 유인 편의점과 비슷하다. 추가로, 미니스톱과 로손만 일본우편과 제휴하여 밀접한 관계를 유지하고 있고, 오타쿠 편의점 체인으로 유명하다. 시골이나 고령자 집단 거주 지역 등에서 판매 차량을 활용한 이동식 편의점을 운영하고 있다. 이미 동일본 대지진 때 일부 이동식 편의점을 운영한 적 있었다. 로손의 지불 방법은 일시불만 가능하다. 4000엔 이하는 신용카드 사용 시 사인이 필요하지 않고, 4000엔 이상을 지불하는 경우에는 고객의 사인이 필요하다. 크레디 세존, JCB가 제휴를 해서 만들어진 선불카드를 사용할 수 있는데, 충전은 로손 계산대와 신용카드로 가능하다. 전화 카드, 버스카드, 각종 승차권, 회수권, 각종 상품권, QUO카드, 우표, 엽서, 인지, 일부 Loppi 대행 서비스, 공공요금 및 수납대행표의 지불에 대해서는 신용카드를 사용할 수 없다.

일본의 로손은 2016년 12월 파라소닉과 손잡고 2017년 7월 상품 결재에서부터 포장까지 자동화가 가능한 '레지로보'를 도입하였다. 먼저 '미니 무인점포'로 사무실에 컵라면과 같은 가벼운 가공식품과 과자를 구비한 '셀프 계산' 단말기를 설치를 시작하였다.

본격적인 무인점포는 2018년 1월 도쿄에 개점하였다. 평소에는 일반 유인 편의점으로 운영하였다.

고객수가 적은 밤 12시부터 새벽 5시 사이에 무인점포를 운영하기로 하였다. 입점은 스마트폰 앱 가입자에 한하며, 무인 계산대에서 상품의 RFID칩을 스캔한 뒤 스마트폰으로 자동 결제된다.

[그림 7-1] 로손 편의점

Source: http://www.lawson.co.jp/company/static/korean/smt/

상품재고 및 진열 관리 등은 미리 해놓으며, 보안으로는 감시 카메라가 점내 파손, 도난 등을 감시하며, 무인 운영 시간에는 담배와 술을 판매하지 않는다.

계산대 옆의 스위치 하나로 고객이 직접 조리가 가능하다. 일반 시간대에는 스마트폰 결제방식이 아니며, 무인 운영시간대에는 계산대가 혼잡해지는 문제점이 발생되었고, 로손은 앞으로 이러한 문제를 개선할 의지를 보였다(luckland.co.jp). 현재 로손 치오다구 점은 영양사가 건강식을 제안하고 특별 식품은 의사들로부터 검증받아 제안하는 것이 시범적으로 운영되고 있으며 전국으로 전개할 계획이다(https://brunch.co.kr/@sangil제7장 해외 무인점포 현황hanma9b/16, 2018). 다른 편의점 업체는 24시간 영업을 중단하는 걸 전제로 무인점포 시뮬레이션에 들어갔다. 그 중 일부 업체는 무인점포에 맞도록 진열대 선반과 계산대 서

랍을 개조하였는데, 진열업무가 하루 100분가량 줄어들어 인력 감축의 효과를 낸다고 하였다(luckland.co.jp).

이같이 일본이 무인점포를 개설한 이유는 일본의 골목마다 편의점이 밀집해 있어 경쟁이 심하고 매출이 저조하였기 때문이다. 첫째 노동 인구의 부족. 운영관리시간의 부족, 인건비 상승, 심각한 인력 수급의 어려움이 있었다(Yoon, 2017). 둘째 고객들이 종업원과의 접촉을 불편해하는 소위 언콘택트(Un-contact) 경향이 늘어나고 있다는 점이 그 이유였다(Lee, 2018).

2. 중국의 무인점포

KOTRA의 자료에 따르면 중국의 시범 운영중인 무인점포 브랜드는 약 20여개가 넘는다고 한다.

중국은 2017년 6월 상하이에 세계 최초로 24시간 전자동 무인점포 '빙고박스'가 개점하였다. 알리바바의 무인까페인 '타오까페'는 2017년 8월 항저우에 1호점을 개점하였다. 중국 최대 식품 회사 중 하나인 와하하는 무인점포 '테이크고(TakeGo)'를 설치할 계획이며 이외에 기업들도 무인점포 사업에 몰리고 있다. 빙고박스와 샤오마이 무인점포는 각각 1억 3000만 위안(226억원), 1억 2500만 위안(약 218억원)의 투자유치에 성공했다.

중국의 대표적 무인점포 빙고박스는 2013년 설립된 기업으로 자체 물류 네트워크를 통해 현재 중국 5개 도시에서 무인점포 서비스를 제공하고 있으며, 장소에 관계없이 15㎡의 규모만 있다면 어디든 설치가 가능하고 컨테이너 건축물 구조에 아래 바퀴가 달려있어 필요에 따라 이동이 가능하다.

빙고박스의 운영시스템은 다음과 같다. 이용은 스마트폰 앱 가입자에 한하며, 최초 방문 시에는 QR코드 스캔과, 휴대폰 번호로 본인 인증을 해야 하며, 2회 이상 방문시에는 QR코드 스캔만으로 가능하다. 상품 구매를 하지 않은 경우엔 문 옆에 부착된 QR 코드를 스캔하거나 비상용 버튼을 누르면 잠금이 해제된다. 고객은 무인 계산대 위에 제품을 올려놓으면 자동으로 가격과 함께 3가지 QR코드(위챗 페이, 알리페이, 앱 결제)결제 수단 중 선택할 수 있으며, 앱으로 자동 결제된다.

한 번에 최대 5가지의 상품을 동시 구매할 수 있으며 5가지 이상의 상품을 구매하려면 나눠서 결제를 해야 한다. 빙고 박스의 상품은 통합 시스템을 통해 관리되는데, 관리자 페이지와 앱을 통해 상품 판매수치, 재고수량, 고객 데이터 분석이 가능하며 이를 기준으로 매일 정해진 시간에 매장 관리 담당자 방문하여 매장을 점검하고 부족한 재고를 채워 넣는다.

담당자가 매장을 점검하고 재고를 보충하는 데에 채 20분이 안 걸린다. 또한 빙고 박스에서 판매되는 모든 상품에는 RFID(Radion Frequency Identification)칩이 들어있는 하얀색 라벨이 부착되어 있다. 이를 기준으로 결제 시 상품을 분류하고 결제 여부를 판별한다.

[그림7-2] 빙고 박스

Source: https://www.youtube.com/watch?v=hYN3gozk4fo

빙고 박스의 도난 방지 시스템의 경우 24시간 연중무휴로 고객센터가 운영되며 감시카메라를 통해 매장 내의 모든 상황이 녹화된다. 고객이 결제를 하지 않고 출입 통로를 지나는 경우나 라벨을 손상시키거나 절도가 의심 상황이 발견되면 출입 통로에는 스마트 도난 방지 시스템이 설치되어 있어 경보음이 울리며 안내 방송이 나가는 동시에 출입문이 자동으로 잠긴다(Lee, 2017).

일부 상품의 라벨을 기기가 인식하지 못하거나 종이영수증이 제공되지 않아 결제 내역을 알기 어려운 문제가 대두되었으나 인공지능 기술을 적용하여 개선하였다(Yoo, 2017). 빙고 박스가 무인점포를 개설한 이유는 '저비용 고안정성' 실현으로 매장 내 상품진열과 관리는 20분 정도 소요되며, 가격은 일반 편의점보다 5%가량 저렴하고, 모듈화 생산으로 개점비용은 일반편의점의

75%만으로 가능하므로, 매출이 일반편의점에 비해 1/8이여도 이익이 되기 때문이라고 했다(Bingobox, 2018). 중국의 무인점포 추진 이유는 중국의 온라인 이용 소비자의 증가에 따라 캐셔리스 편의점(Cashier-Free Shop)이 확산되고 있는 것으로 보인다.

현재 무인점포는 첨단기술 경쟁의 장이다. 향후 전자태그(RFID), 사물인터넷(IOT), 딥러닝(Deep Learning), 머신비전(Machine Vision), 생체인식, 생체인증 결제 등 다양한 기술을 놓고 세계는 각축전이 벌어질 것으로 추정된다. 기술적 영역에서 완벽성을 추구하기보다 실용성을 추구한다면 '모바일 결재' 기술이 그 핵심에 해당될 것이다. 중국은 이미 이 문제를 해결하였다. 모바일 결제시스템은 이미 중국에서 보편화된 상태이기 때문에 무인점포의 중요한 기반을 갖춰 놓았다고 볼 수 있다. 따라서 다른 나라보다도 중국에서 무인점포는 더 활발히 펴져 나갈 것으로 예측된다.

3. 미국의 무인점포

미국의 아마존은 글로벌 전자상거래 기업의 대표주자로서 2016년 12월 아마존 직원들을 대상으로 '아마존 고(go)'를 시범 운영해 오다, 소비자 인식 문제 등의 오류를 수정해 2018년 1월 22일 미국 시애틀에 1호점을 개점하였다.

현재 아마존고는 시애틀의 아마존 본사 1층에 167㎡의 규모로 운영하고 있다. 아마존 고 서비스의 이용 절차는 다음과 같다. 아마존고 앱을 우선 다운로드 받아야 한다. 그리고 입점은 스마트폰 앱 가입자로 앱을 실행시켜서 아마존 고 편의점 입구에 설치된 지하철 개찰구 같은 입장 장치에 앱을 인식시켜야 들어갈 수 있다.

매장 내부는 이미지 인식 기술인 컴퓨터 비전(computer vision), 위치 기반 행동반경을 관찰하는 지오펜싱(Geofencing), 여러 센서 데이터를 조합해 분석하는 센서 퓨전, 그리고 인공신경망을 기반으로 한 기계학습 기술인 딥러닝 등이 적용됐다. 고객이 쇼핑하는 동안 자율주행 센서가 부착된 수백 개의 카메라와 인공지능 기술이 개별 고객과 상품을 식별해 쇼핑고객의 동선을 따라다니면서 구매목록을 확인하는 시스템이다.

[그림7-3] 아마존 고

Source: : https://www.amazon.com/b?node=16008589011.

상품 스캔 후 진열대 위에서 원하는 상품을 담아 그냥 걸어 나오면 된다. 이것은 자율주행차에 활용된 저스트 워크아웃(Just Walk Out) 기술로, 가상의 장바구니에 담겨 상점을 나올 때 다시 거치는 개찰구에서 자동으로 계산된다. 등록된 결제수단으로 구매금액이 자동 계산되어 앱을 체크아웃하면 연동된 신용카드로 자동 결제되며 고객 계정에 영수증을 보내는 결제방식이다.

인공지능이 고객의 손을 집중 관찰해 카메라가 고객에 손이 진열대에 닿자마자 연속 촬영해 어떤 물건을 선택했는지를 확인한다. 진열대에 다시 상품을 올려놓으면 상품은 장바구니에서 삭제된다. 아마존 고는 상품 분류하는 물류 로봇 '키바(Kiva)'를 도입해 운영비용을 20% 줄였고, 온라인에서 주문한 상품을 편의점이나 지하철역 등에서 수령할 수 있는 무인함(amazon locker)을 운영하고 있다.

아마존이 무인점포를 개설한 이유는 계산대 앞에 오래 대기하는 불편을 없애기 위해 개발했으며 향후 로스엔젤레스 등 6개소로 확대할 계획이 있다(Amazon, 2017).

아마존고는 소비자적 영역에서 신체 일부분이나 소품으로 상품을 가려서 매장을 빠져나오더라도 계산대 직원이 필요 없을 정도로 구매 여부 판별의 정확도가 매우 높을 뿐 아니라 앱에 결제 영수증이 첨부되어 매우 간편한 장점이 있다. 하지만 계산대를 지날 때 수십 명 이상이 몰릴 경우 동작의 결함이 있는 것으로 알려져 있다. 또한, 사용 전에 앱을 가입하고 다운로드해야 하는 불편함이 있다.

운영자적 영역에서는 유인점포에 비해 무한한 구축 비용이 발생한다. 그리고 무인점포라고 해서 매장 직원이 아예 없는 것은 아니다. 매장 내에는 서비스 이용을 위한 안내 직원이 상주하고 있다. 계산원은 없지만 출입구에 직원이 있으며, 소비자가 원하는 상품을 찾아주고 주류 구매를 원할 경우 신분증을 확인하는 직원이 상주하였다. 상품 진열과 포장을 하고 즉석으로 음식을 만드는 조리사도 고용돼 있다. 즉, 현재 사회적 영역에서 이슈가 되고 있는 '일자리 전쟁과 4차 혁명의 부정적 효과'에 있어서는 크게 영향을 미치지 않는 상태라고 볼 수 있다.

그럼에도 불구하고 한 기관이 1000명의 아마존고 예상고객을 대상으로 실시한 조사 결과, 응답자의 66%는 아마존고 쇼핑 방식에 대해 부정적 견해를 보였다(Choi, 2018)

이는 아마존고를 설계하며 '편리한 쇼핑' 즉, 편의점의 주요 특징인 편의성 우선적으로 고려한 아마존의 기대와는 상반되었다. 여전히 상당수 소비자는 기존 쇼핑 방식에 더 즐거움을 느낀단 사실을 확인할 수 있다. '그냥 상점으로 들어가 필요한 물건을 집어 들고 나오는 행위'가 쇼핑의 희열과 만족을 줄 거란 아마존의 기대와는 다르게, 소비자는 '불만족한 쇼핑'을 한다는 것이다. 즉, 소비자는 판매자와 고객의 소통으로 얻을 수 있는 '인간다운 소비'에 관성적으로 집착한다는 것을 의미한다.

무한한 구축비용을 감수하면서 소비자에게는 쇼핑의 불만족을 야기한다면 무인점포의 개점은 운영자나 소비자적 영역 양쪽 어느 부분에서도 손실이 발생한다. 이 같은 손실이 양쪽 중 한 영역에서라도 개선되지 않는 한, 무인시스템의 필요성이 상실 된다고 볼 수 있다. 지금까지의 사례로 볼 때, 무인점포 이용 가능 고객은 현재 카드소지와 사용 가능자, 앱과 스마트폰 사용자 등의 조건이 최소한 이루어져야한다. 따라서 노령화가 심화된 지역과 장애인, 청소년과 같은 카드 미소지사 사용은 제한적임을 알 수 있다.

그보다 우선적으로 사회적 영역에서 우려되는 '일자리 상실에 대한 막연한 공포감'과 대면 판매점에서 느낄 수 있는 '인간미'의 상실이라 할 수 있다.

무인점포 사업의 핵심 이슈는 바로 비용이다. 현재는 세계 각국에서 어마어마한 비용을 들여서 무인 시스템 개발에 적극 참여하고 있다. 만약 비용과 효율성을 종합해본다면 무인점포는 중국 시장에서 매우 빠른 속도로 퍼져나갈 것이다. 중국의 인터넷 기업이 급속도로 성장하는 중요한 이유 중 하나는 전 세계에서 비용관리를 가장 잘 한다고 보여 진다. 500만개가 넘는 중국의 편의점은 매출액만 10조 위안을 넘는다(pressreader.com, 2018). 무인점포는 간편한 모바일결재 기술과 함께 세계적으로 상위의 성장 환경도 갖추고 있기 때문이다. 해외의 무인점포 시스템 구축현황은 〈표 7-1〉과 같다.

[표 7-1] 해외의 무인점포 시스템 구축현황비교

국가	스웨덴	일본	중국	미국
이름	리하손	로손	빙고박스	아마존 고
운영 시간	24시간	5시간 (12시~새벽 5시)	24시간	월~금 (오전7시~오후 9시)
신분 인증	앱 가입자, (스마트폰 소지자)	앱 가입자, (스마트폰 소지자)	앱 가입자, (스마트폰 소지자), 최초: 휴대폰 번호 인증	앱 가입자, (스마트폰 소지자)
계산대	O	O	O	*X*
상품 식별	바코드	RFID칩	RFID칩	RFID칩, 자율주행 센서
결재	상품의 바코드를 앱에 접촉	상품 담긴 바구니를 놓으면 자동결제	스마트 페이 선택 후 자동결제	저스트 워크 아웃 (Just Walk Out) 후 앱 체크아웃하면 자동결제(신용카드)
보안	감시 카메라	감시카메라	감시 카메라, 스마트 도난 방지 시스템	감시카메라, 인공지능기술
주류 판매	*X*	*X* (유인 운영시간대에 판매)	*X*	O (담당직원 상주)

Source: Kim et al.(2014)등 선행연구를 바탕으로 연구자 재구성.

제8장 국내 무인점포 현황

본 연구에서 비주얼머천다이징 관점에서의 국내 무인점포의 운영시스템에 관한 연구를 위하여 서울시와 수도권에 소재하고 식품을 포함하여 편의점과 유사한 상품군을 구비하고 판매하는 조건으로 조사 연구하였다. 기존의 선행연구는 단일 업종을 대상으로 비주얼머천다이징을 분석하였다. Lee, Hyun, Lee, and Lee(2014)는 국내 인구 감소로 인한 내점객 수 감소가 지속될 경우 편의점 운영 효율화 노력이 편의점 시장 성장에 장기적으로 어떠한 영향을 미치는지에 대한 연구를 통해 편의점에 대한 지원책을 제안하였다.

또한, 현재 새롭게 선보이는 무인점포는 기존의 유인 편의점의 비주얼머천다이징 적용방식의 차이 혹은 동일성 부여의 여부를 확인할 필요가 있다. 그리고 여타 소매업태에서 비주얼머천다이징을 활용하여 매출상승과 유의한 영향을 미친다고 확인된바, 이 책은 무인점포와 유사한 환경의 소매점과 비주얼머천다이징 관점에서 본 운영시스템을 비교 분석함으로서 유통업계에서 무인점포의 방향을 보편적이고 명확하게 파악하고자 하였다.

[표 8-1] 머천다이징 영역에서 비주얼머천다이징 평가표

구분	구성요소	평가 항목	척도
머천다이징 측면	1. 입지나 상권	· 소재지는 어디인가?	명목척도
		· 매장 면적과 규모는 어떤가?	명목척도
		· 매장 면적과 규모는 어떠한가?	리커트 5점
		· 접근이 용이한가?	리커트 5점
		· 상권 내 경쟁 점은 몇 개인가?	리커트 5점
	2. 브랜드 아이덴티티	· CI, BI 가 일관성 있는가?	리커트 5점
	3. 상품구성 및 레이아웃	· 제품 품질은 좋은가? · 제품 종류는 다양한가? · 제품 가격은 적절한가? · 내부 이동 동선은 편리한가?	리커트 5점
	4. 인증시스템	· 출입 제한이 있는가? · 입출입 절차가 까다롭지 않은가?	리커트 5점
	5. 상품정보 인식및관리	· 상품에 대한 정보를 이해하기 쉬운가?	리커트 5점
		· 상품 군별로 분류가 잘 되어있는가? · 상품 코디네이션과 연계구성이 적절한가?	리커트 5점
	6. 구매 및 결재시스템	· 반품이 가능한가? · 결재방식이 단순한가?	리커트 5점
	7. 보안시스템	· 감시카메라가 몇 개 있는가? · 반사경이 몇 개 있는가? · 경찰의 신속한 대응이 가능한가?	리커트 5점
	8. 판매원	· 판매원의 유니폼은 청결한가? · 판매원은 상품과 매장에 대하여 전문적 지식을 가지고 있는가? · 판매원은 친절한가? · 판매원의 수는 충분한가?	리커트 5점
	9. 프로모션과 기타 서비스	· 판매 이외의 연중 일정한 부가서비스가 있는가? · 할인행사를 시행 중인가? · 시즌에 맞는 이벤트를 실시하는가?	리커트 5점

Source: Youn and Kim (2017b)등 선행연구를 바탕으로 연구자 재구성

[표 8-2] 인테리어 영역에서 소매점 비주얼머천다이징의 평가표

구분	구성요소	평가 항목	척도
인테리어 측면	1. 구조적 공간	· 실내 분위기는 조용한가? · 매장 내부 공간은 브랜드 이미지를 연상 시키는가?	리커트 5점
		· 천정 마감재는 고급스러운가? · 천정 색깔은 정돈되어 있는가?	리커트 5점
		· 벽 마감재는 고급스러운가? · 벽 색깔은 정돈되어 있는가?	리커트 5점
		· 바닥 마감재는 고급스러운가? · 바닥 색깔은 정돈되어 있는가?	리커트 5점
	2. 집기	· 진열대 간의 간격은 적당한가?	리커트 5점
	3. 조명	· 실내조명의 밝기는 적당한가?	리커트 5점
	4. 음향	· 실내 음악은 점포와 어울리는가? · 실내의 향기는 산뜻한가? · 실내공기는 쾌적한가?	리커트 5점
	5. 파사드 (전면외관)	· 간판과 파사드는 시선을 끄는가? · 간판과 파사드는 잘 관리되어 있는가? · 간판과 파사드는 매력적인가?	리커트 5점

Source: Kotler(1973)등 선행연구를 바탕으로 연구자 재구성

연구 대상 범위는 대표 무인점포가 3개소이므로 비교대상인 소매업태와 일반 편의점도 3개소를 연구대상 표본으로 선정하여 조사하였으며, 앞서 도출해 낸 비주얼머천다이징의 구성요소에 근거하여 현장 조사를 실시하였다. 특히 Youn and Kim (2017), Kerfoot et al, (2003), Kim(2004), Park and Lee(2005) Ra and Han (2008), Park and Jun (2012), Kim and Kang (2012)의 연구를 근거로 삼아 평가표를 작성하였으며, 이 책의 업태에 맞게

수정 보완하였다. 머천다이징 영역에서 소매점 운영시스템의 평가표, 인테리어 영역에서 소매점 운영시스템의 평가표, 디스플레이 영역에서 소매점 운영시스템의 평가표는 [표 8-1], [표 8-2], [표 8-3]와 같다.

[표 8-3] 디스플레이 영역에서 소매점 운영시스템의 평가표

구분	구성요소	평가 항목	척도
디스플레이 측면	1. VP	· 출입구 전면에 상품을 시즌감있게 입체적으로 전시하였는가?	리커트 5점
	2. PP	· 벽면과 기둥, 진열대 상부에 상품을 포인트있게 연출하였는가?	리커트 5점
		· 진열 상품이 벽과 진열대에 강조되어 제시되었는가?	리커트 5점
	3. IP	· 판매자 입장에서 진열방식은 편리한가? · 창고에서 매장으로 연결된 판매자 동선은 효율적인가? · 아이템 별 진열이 잘 되어 있는가? · 디자인의 차이를 구별할 수 있도록 배열 되었는 · 가상품이 전반적으로 잘 정돈되어 있는가?	리커트 5점
	4. POP와 사이니지	· 가격 표기가 잘 되어있는가? · 용도 설명이 충분한가? · 상품 안내 표시는 알아보기 쉬운가? · 사용법이 잘 설명되어 있는가? · 쇼핑하기 좋은 안내문이 있는가?	리커트 5점
		브랜드 사이니지: 로고, 로고마크가 매장 내부에 있는가?	리커트 5점
	5. 소도구	점포 내 소품은 매력적인가?	리커트 5점

Source: Kerfoot et al, (2003)등 선행연구를 바탕으로 연구자 재구성

1. 경쟁 소매점의 비주얼머천다이징 사례 분석

경쟁 소매점 사례분석을 위해서는 서울 신림동 지역의 개인 수퍼마켓 N점, SSM(Super Super Market: 대규모 유통 기업에서 체인 형식으로 운영하는 슈퍼마켓)의 SSM은 H사 P점, 소비자가 출자하여 만든 소비자 생활 협동조합인 전문점 S사 S점을 연구 표본으로 선정하여 실증 조사하였다.

개인 슈퍼마켓(SM:Supermarkets) N점

슈퍼마켓(Supermarket)은 일반소매점보다 10% 내외의 상시 저렴한 가격을 유지하는 셀프서비스 방식의 소매점포를 말한다.

슈퍼마켓은 크게 세 가지로 나눌 수 있는데, 1,000㎡ 미만 규모로 일반소매점보다 상시 10%내외 저렴한 슈퍼마켓(SM), 1,000~3,000㎡ 미만 규모로 일반소매점보다 상시 10%내외 저렴한 기업형 슈퍼마켓(SSM), 3,000㎡ 이상 규모로 일반소매점보다 상시 10%내외 저렴한 종합 슈퍼마켓(or 대형마트)으로 구분할 수 있다.

편의점과 견줄 수 있는 일반 소매업이 정부에서 마련한 개인 슈퍼마켓(SM)인 '나들가게'이다.

나들가게는 중소기업청이 2010년 1월 대형할인마트와 기업형 슈퍼마켓의 진출로 어려움을 겪고 있는 동네 슈퍼마켓을 육성한다는 계획에 따라 마련한 정부의 지원 사업으로 원래 스마트샵(smart shop)이라는 명칭이었으나 2009년 12월 나들가게로 변경되었다.

Small Enterprise's Yard(2018)에 따르면, 2010년에서 2012년까지 10,011개 개점 후 2014년 517개 개점, 2015년 232개 개점으로 2015년 전국 10,760개 점포가 개점하였다(Small Enterprise's Yard, 2018).

매장면적은 화장실, 주차장 등 공용면적을 제외한 총면적 165㎡ 미만인 음·식료품 위주 종합소매업(슈퍼마켓)이고 개인편의점이다.

나들가게 POS 프로그램 설치를 위한 POS 기기 보유 점포의 조건을 갖추고 점포 유형별 맞춤형 POS 프로그램을 사용한다. 편의점과 같이 의약품 판매 관리, 고객 판촉 관리, 배달관리, 매출, 보안 관리가 가능하다.

소상공인시장진흥공단에서 2014년 기상청 협약으로 날씨경영 서비스를 도입, 캐시비 교통카드서비스, 한국스마트카드(T-money)를 협약하고, 2015년 서울보증보험 협약으로 상품구매 이행보증보험증권으로 최대 1천만원 한도 보증수수료를 지원하고, 8개 나들가게 상품공급사 상품정보를 실시간 제공하였다. 이로써 나들가게는 물류센터, 체인본부, 상품공급사 등 다양한 상품공급처에 손쉽게 발주하고 배송 받는 온라인 수·발주시스템을 운영하고 있다.

[그림 8-1] 개인 수퍼마켓 N점 입지와 상권

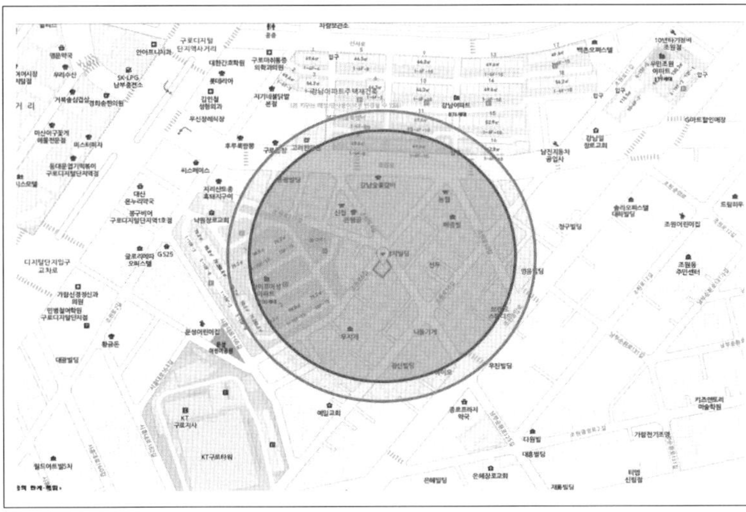

[그림 8-2] 개인 수퍼마켓 N점 평면 레이아웃

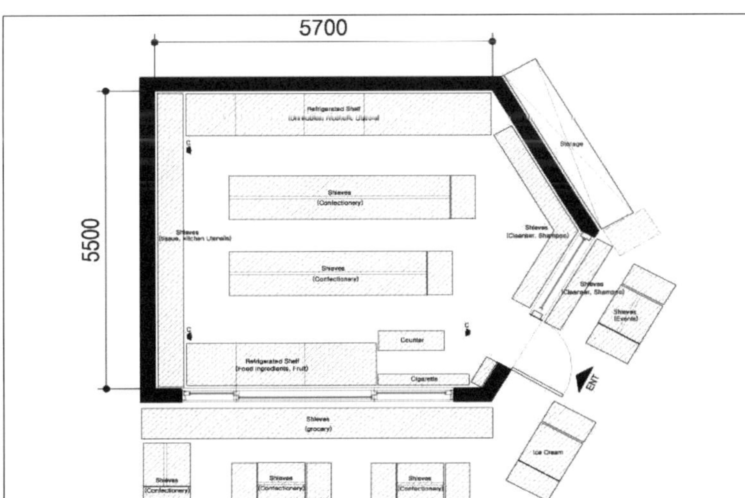

[표 8-4] 개인 수퍼마켓 N점 머천다이징 영역

구분	내용	
1. 입지나 상권	소재지	서울시 관악구 조원로 6길
	매장면적	약 203m²
	가시성 및 접근성	2개 소방도로 접면 입지: 400세대 아파트와 빌라, 원룸의 주택지, 골목시장 입구
	상권 내 경쟁 점	200m 내 대형마트 4개, 150m 내 수퍼마켓 10여개, 편의점 1개
2. 브랜드 아이덴티티	나들가게	정이 있어 내 집 같이 드나들고 나들이하는 마음으로 가는 가게
3. 상품구성 및 레이아웃	담배, 식료품, 스낵 류, 식자재, 음료, 주류, 생필품 류 등	점두 관리 매우 취약. 즉석상품이나 식선식품상품의 비중은 매우 낮고, 식재료 비중이 매우 높다. 노출 창고
4. 인증시스템	-	누구나 상시
5. 상품정보 인식 및 관리	-	바코드 인식
6. 구매 및 결재시스템	-	카드나 현금
7. 보안시스템	-	보안 카메라 4개(외부 1, 내부 3), 반사경 2개
8. 판매원	-	2인
9. 프로모션과 기타 서비스	스낵과 같은 생필품 등 홍보 상품군이 약 30%로 형성	점두 3면에 상품 노출. 공급사별 다양한 프로모션, 택배송

Source: Youn and Kim (2017b)등 선행연구를 바탕으로 연구자 재구성

[표 8-5] 개인 수퍼마켓 N점 인테리어 영역

구 분		내용	
1. 구조적 공간	바닥		연회색 화강석 무늬의 모노륨 P 타일 마감.
	벽		노출 콘크리트 / 백색 수성페인트 마감.
	천정		노출 콘크리트 / 백색 수성페인트 마감.
4. 집기			양면 형 선반 진열대
5. 조명			직접 조명 / 주광색 형광등
6. 음향		-	없음.
7. 파사드			날씨변화, 개·폐점 시 점두의 외관 3면천막을 활용.

Source: Kotler(1973)등 선행연구를 바탕으로 연구자 재구성

[표 8-6] 개인 수퍼마켓 N점 디스플레이 영역

구 분	내용	
1. VP		카운터 위주의 담배 연출과 상품 연출
2. PP		진열대의 상단부분을 PP공간으로 활용, 상품군에 따라 페이싱 진열
3. IP		세부적 상품 군 별 진열이 다소 부족.
4. POP와 사이니지		· 좌측: 담배 선반 진열대 상단의 디지털사이니지 3개 1조, · 좌측: 브랜드칼라의 냉장진열대 상단 사인물1조 · 카운터 영역 이미지광고물 1개
5. 소도구		홍보 및 시즌 상품 선택을 위한 바구니 비치

Source: Kerfoot et al, (2003)등 선행연구를 바탕으로 연구자 재구성

이로서 나들가게는 판매상품의 가격비교를 통해 동일상품 최저가 구매 가능하고, POS를 통해 필요한 상품을 간편하게 주문

하고 배송 받을 수 있으며, 공급사별 다양한 프로모션 있고, 복잡한 거래처 수를 줄여 상품관리 효율성을 높일 수 있으며, 구매력이 통합되어 거래량이 늘어날수록 매입원가가 점점 낮아질 수 있는 장점이 있다. 이것은 자칫 관리소홀로 여러 공급사의 무분별한 선택으로 인해 불필요한 거래처가 느는 것을 방지함으로서 프렌차이즈 편의점과 비교하여도 경쟁력이 있다. 점주 선택형 사후관리로는 위생 · 방제관리, 간판청소 · 안전관리, 희망희생지원단, POS 방문교육을 실시하고 있다. 이것은 일반 프랜차이즈 편의점의 본사 관리를 대신한다고 보겠다. 부가서비스로 택배서비스, 그린 포인트 적립, 교통카드 충전 서비스 등을 시행 운영한다.

이러한 나들가게 중 현재 2015년 우수점포사례로 선정된 개인 수퍼마켓 N점를 표본으로 조사분석하였다.

표본 점포 N점은 서울시 관악구 조원로 6길에 소재하고, 내부 매장면적 약 23m² 이며, 2개 소방도로가 접면하고 400세대 아파트와 빌라, 원룸의 주택지, 골목시장 입구에 입지하였다.

상권 내 경쟁점은 200m 내 대형마트 4개, 150m 내 수퍼마켓 10여개, 편의점 1개로 주변 배후인구 20,578명/km² , 입객수 2~3명/1h이다.

개인 수퍼마켓 N점은 2015년 임대료를 제외하고 정부 지원금 5,000만원을 포함하여 7,000만원의 운영비로 나들가게로 정식 개점하였다. 전통시장 입구인 동시에 아파트와 주택이 밀집되어 있는 골목상권에 자리 잡고 있다.

상품구성은 담배, 식료품, 스낵류, 주류, 생필품 류 등이고, 점두 관리 매우 취약하고, 삼각김밥과 도시락 같은 즉석상품이나 신선식품상품의 비중은 매우 낮고, 식재료 비중이 매우 높다. 판매되는 모든 물품은 POS에 매입가, 판매가가 등록되어 있어 POS통계를 통해 판매 통계, 판매량 순위, 이익금 확인이 언제나 가능해져 통계를 자주 확인하고 그 결과를 영업에 반영하고 있었다. 매장 시설을 깨끗하게 공사하고, 교육받은 매대 진열 방법을 토대로 운영자가 직접 배워 근무하며 배우고, 익힌 내용을 이 지역의 특색에 맞게 적절히 혼합해 적용하자 40% 이상의 매출 증대가 이루어졌다. 지역주민들과 유대감, 소통, 편안함을 제공하는데 중심을 두고 있다.

그러나 소규모 매장이다 보니 구색을 다 갖추지 못하였다. 2018년 현재는 2015년 나들가게 개점 당시보다 상품 진열관리가 매우 미흡하고, 매출도 하락하였다. VP위치의 상품이 상시 동일하여 구매 욕구를 떨어뜨렸다. 창고가 부족하고 매장 면적의 약 70%가량의 상품이 점두 3개면에 적재되어 있어 출입구 주변이 매우 혼잡하였다. 이것으로 운영자는 비주얼머천다이징의 체계적 관리와 교육의 필요성을 실감하고 있었다.

연구 조사한 9개의 소매점 중에서 출입구 점두 부분의 관리가 가장 취약하였다. 편의점과 비교하였을 때 상품전체가 편의점 상품의 일반 소매가보다 10% 더 저렴하다. 신선식품 중에는 삼각 김밥, 포장어묵과 같은 즉석상품보다 파, 무, 소금 등의 식재료 비중이 매우 높았다.

기업형 슈퍼마켓(SSM:Super Super Market) H사 P점

기업형 슈퍼마켓은 SSM(Super Super Market)이다. 이 중 대표적 기업형 슈퍼마켓 H사 P점을 표본으로 조사분석하였다.

경기도 성남시 분당구 불정로에 소재하고, 내부 매장면적 약 203m² 이며 2개 소방도로가 접면하고 대단지 아파트와 상가 주변에 입지하였다. 상권 내 경쟁점은 200m 내 대형마트 2개, 150m 내 개인의 중소형 수퍼마켓 2개, 생협 1개, 24시 편의점 2개로 주변 배후인구 32,622 (2018년 6월)명/km² , 입객수 8~9 명/1h이다.

[그림 8-3] 기업형 슈퍼마켓 H사 P점 입지와 상권

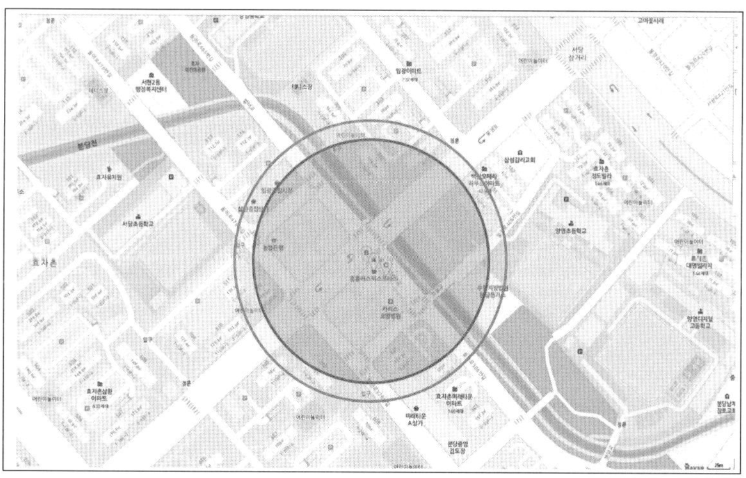

기업형 슈퍼마켓 H사 온라인 홈페이지를 검색하여 다양하고 차별화된 상품들을 구매하고 전국 어느 지점에서나 받아 볼 수 있는 택배 배송 서비스를 실시하고 있다.

[그림 8-4] 기업형 슈퍼마켓 H사 P점 평면 레이아웃

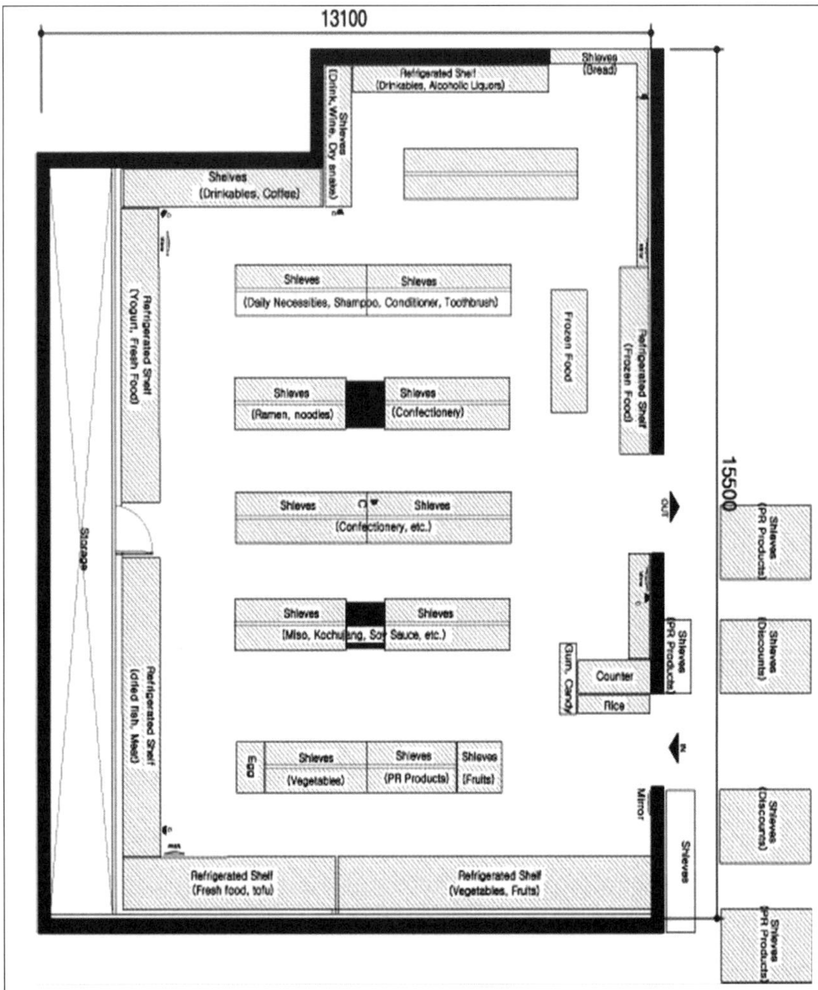

[표 8-7] 기업형 슈퍼마켓 H사 P점의 머천다이징 영역

구분	내용	
1. 입지나 상권	소재지	경기도 성남시 분당구 불정로
	매장면적	약 203m²
	가시성 및 접근성	2개 2차선도로 접면 입지: 대단지 아파트와 상가
	상권 내 경쟁점	200m 내 대형마트 2개, 150m 내: 개인 중소형 수퍼마켓 2개, 생협 1개, 24시 편의점 2개
2. 브랜드 아이덴티티	Home plus express	최상의 쇼핑 경험과 가치를 제공, 편의성을 위해 좋은 품질의 상품을 가장 합리적인 가격에 제공하고자 함.
3. 상품구성 및 레이아웃	담배, 식료품, 스낵류, 주류, 생필품 류 등	점두 시즌상품과 세일 상품이 배치, 매장 출입구 전면에 시즌 상품군 구성 반가공된 냉동상품과 냉장상품 비율이 매우 높음.
4. 인증시스템	-	누구나 상시
5. 상품정보 인식 및 관리	-	바코드 인식
6. 구매 및 결재시스템	-	카드나 현금
7. 보안시스템	-	보안 카메라 4개(외부 2, 내부6), 반사경 3개
8. 판매원	-	외부 1인/ 내부 3인
9. 프로모션과 기타 서비스	점두: 시즌상품으로 할인행사70%, 일반 생필품 30% 점내: 시즌상품 행사	점두 2면에 상품 노출. 스피커(음향)시설 사용으로 홍보 농축수산물 상품에 불만족시 100% 환불 보장.

Source: Youn and Kim (2017b) 등 선행연구를 바탕으로 연구자 재구성

[표 8-8] 기업형 슈퍼마켓 H사 P점의 인테리어 영역

구 분		내용	
1. 구조적 공간	바닥		연회색 타일 마감.
	벽		브랜드칼라인 녹색을 집기 제외한 부분에 도색마감.
	천정		노출 콘크리트 / 백색 수성페인트 마감.
4. 집기			계단형 냉장진열대/계단형 냉동진열대/양면 형 선반 진열대, 매대 등이 적절함. 상품 구분에 따라 진열대 사이에 칸막이 설치됨.
5. 조명			직접 조명 / 주광색 형광등
6. 음향		-	있음.
7. 파사드			날씨변화, 개·폐점 시 점두의 외관 3면천막을 활용.

Source: Kotler(1973)등 선행연구를 바탕으로 연구자 재구성

[표 8-9] 기업형 슈퍼마켓 H사 P점의 디스플레이 영역

구 분	내용	
1. VP		카운터 위주의 담배 연출과 상품 연출
2. PP		진열대의 영역과 진열대와 진열대 사이를 PP공간으로 활용, 상품군에 따라 페이싱 진열
3. IP		상품군 별 진열이 매우 양호함.
4. POP와 사이니지		담배 선반 진열대 상단의디지털사이니지/ 브랜드칼라의 냉장진열대 상단 사인물/ 각 상품군별 신얼내벌 돌출 베너, 돌출 베너와 행잉 사인물, 홍보용 스탠드POP
5. 소도구		장바구니 카트 활용.

Source: Kerfoot et al, (2003)등 선행연구를 바탕으로 연구자 재구성

기업형 슈퍼마켓 H사 홈페이지에는 매월 휴무점포의 안내 실시하고 온라인상품구입 후 매장에 방문하거나 배송요청이 가능하다. 구체적으로 기업형 슈퍼마켓 H사 온라인은 H사의 대형마트 매장과 동일한 가격 및 행사의 상품을 소비자가 원하는 시간에 가장 가까운 P점과 같은 H사의 전국 각 지점으로 배송해 주는 장보기 대행 서비스를 실시하고 있다.

그러나 기업형 슈퍼마켓 H사는 별도의 기업형 슈퍼마켓 홈페이지는 존재하지 않고, H사의 메인 홈페이지가 메인페이지로 열리면 몇 개의 카테고리 중 하나로 링크된다.

즉, 오프라인의 점포 외관은 골목형 슈퍼마켓이지만, H사의 온라인매장에서는 종합슈퍼마켓에서 구입 가능한 가구, 생활가전, 의류, 침구류 등의 상품군이 있어 편의점과는 비교할 수 없는 상품 량과 종류를 취급하고 있다는 것이다.

기업형 슈퍼마켓 H사의 운영시간은 오전 10시 개점하여 오후 12시까지 운영한다(Hoompluse, 2018). 현장 조사한 소매점 중에서 가장 큰 면적규모를 가지고 있으며 개별 진열대의 돌출 베너와 행잉 사인물, 홍보용 스탠드POP 등 POP가 가장 잘 배치 정리되어있다. 즉, 머천다이징 영역에서 프로모션과 다양한 서비스가 가장 잘 제시되었다고 보여 진다.

전문형 소매상(Speciality Retailers) S사 S점

소매점의 한 종류로 전문형 소매상(Speciality Retailers)은 의류 및 패션상품, 가전제품 등 스포츠용품 등 특정 상품 군만을 취급하는 소매점포를 말한다(Youn & Kim, 2017).

이 책에서는 농축수산물 전문형 소매상으로 직거래 형태의 대표적인 기업인 경기도 성남시 분당구 불정로에 소재하고, 내부 매장면적 약132.2m² 이며 2개 소방도로가 접면하고, 대단지 아파트와 상가 주변에 입지하였다. 상권 내 경쟁점은 200m 내 대형마트 2개, 150m 내 SSM이 1개, 동일 전문형 소매상 S사 지점 1개, 24시 편의점 4개로 주변 배후인구 32,622 (2018년 6월) 명/km² , 입객수 6~7명/1h이다.

S사 S점은 생산자와 조합원이 함께 생산하고 판매와 구입하는 방식이다. 전국 100여 곳의 매장과 조합원이 있으며, 2014년 말 기준 전문형 소매상 S사 S점은 친환경 농수산 공급액이 600억원을 넘었다고 한다(Woori cooparation, 2018). 친환경 유기농 농축산물을 유통 단계 없이 생산지 가격에 공급하고 있다. 2009년 농가에는 안정적인 수익을 주고, 소비자에게는 합리적인 가격을 제공하여 사회보장의 사각지대에 있는 소외된 이웃들에게 나눔 행사를 하고 있다. 온라인 홈페이지에서는 상품공지와 주문예약을 받고, 대량 도매 구입도 가능하며 상품 생산지소식과 조리법 및 매장안내를 받을 수 있다.

S사 S점은 현재 조사한 소매점 중 기업형 슈퍼마켓이 50m² 반경 내에 가장 근접하게 위치하고 있어서 비교가 비교적 용이하다.

[그림 8-5] 전문형 소매상 S사 S점 입지와 상권

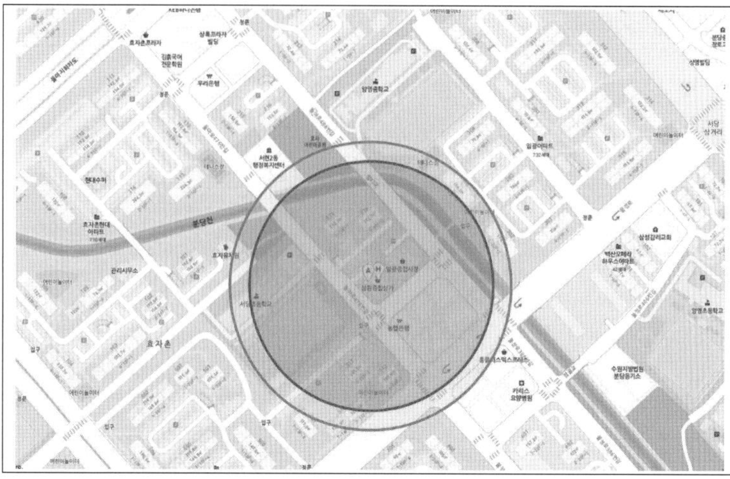

규모면적에서는 150m 내 인접한 경쟁점 기업형 슈퍼마켓의 약 70% 정도의 규모이며, 기업형 슈퍼마켓 H사 P점의 고객이 종일 꾸준히 방문한다고 보았을 때 전문점 S사 S점은 저녁 장보는 시간대인 17시~19시 사이에 고객이 거의 2배가량 증가한다는 것이다.

진열상태는 경쟁점 기업형 슈퍼마켓 H사 P점과 비슷하다.

상품구성에 있어서는 농축수산물 중 제철 상품, 두부, 유제품 등 주력상품인 신선상품 군이 전체 상품 량의 약 50%, 그 외 곡류, 냉동 농축수산물, 특산물이 50%의 비율로 구성되어있다. 상품의 질이 균일하며 같은 상품군 중에서도 디자인, 사이즈, 스타일이 경쟁점 기업형 슈퍼마켓 H사 P점과 비교했을 때 더 세분화되어 있다.

[그림 8-6] 전문형 소매상 S사 S점 평면 레이아웃

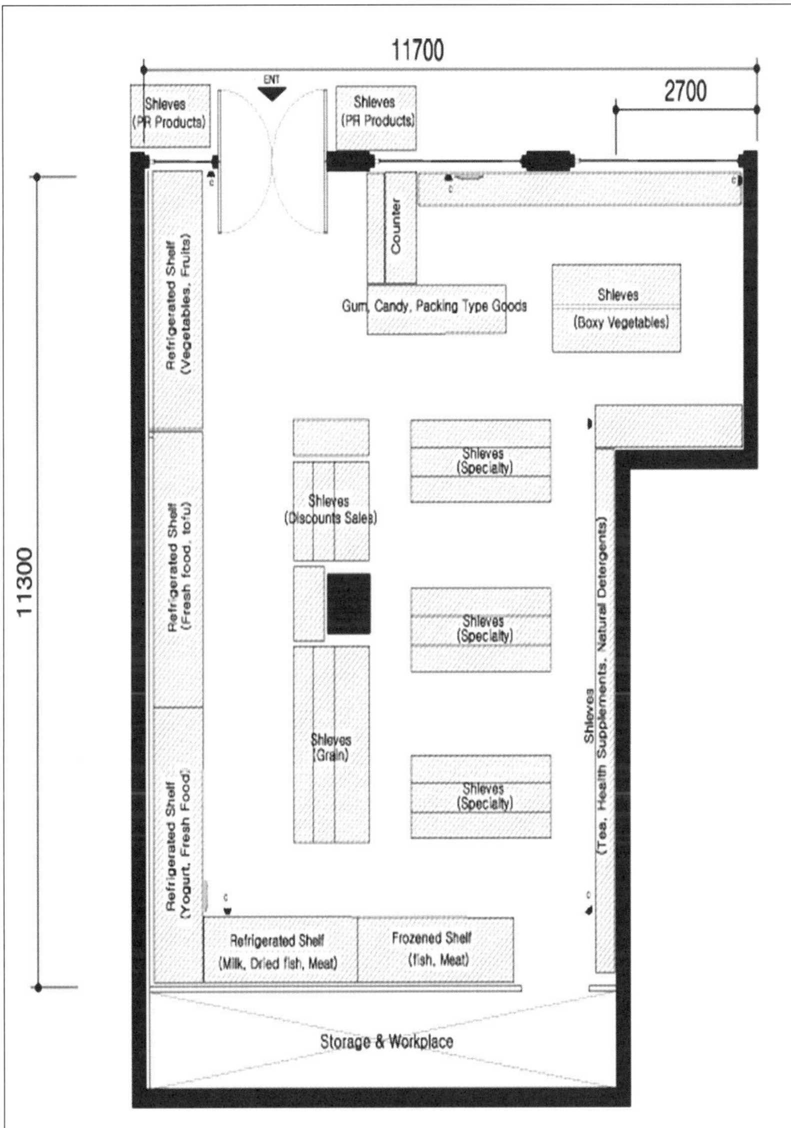

[표 8-10] 전문형 소매상 S사 S점의 머천다이징 영역

구분	내용	
1. 입지나 상권	소재지	경기도 성남시 분당구 경기도 성남시 분당구 돌마로 476번길
	매장면적	약 132.2m²
	가시성 및 접근성	2개 2차선도로 접면 입지: 대단지 아파트와 상가
	상권 내 경쟁점	200m 내 대형마트 2, 150m 내: 개인 중소형 수퍼마켓 2개, 생협 1개, SSM 1개 24시 편의점 4개
2. 브랜드 아이덴티티	우리생협	최상의 쇼핑 경험과 가치를 제공, 편의성을 위해 좋은 품질의 상품을 가장 합리적인 가격에 제공하고자 함.
3. 상품구성 및 레이아웃	담배, 식료품, 스낵류, 주류, 생필품 류 등	점두 시즌상품과 세일 상품이 배치, 매장 출입구 전면에 시즌 상품군 구성 반가공된 냉동상품과 냉장상품 비율이 매우 높음.
4. 인증시스템	-	누구나 상시
5. 상품정보 인식 및 관리	-	바코드 인식
6. 구매 및 결재시스템	-	카드나 현금
7. 보안시스템	-	보안 카메라 4개(외부1, 내부7), 반사경 2개
8. 판매원	-	외부 1인/ 내부 3인
9. 프로모션과 기타 서비스	점두: 시즌상품으로 할인행사70%, 일반 생필품 30% 점내: 시즌상품 행사	점두 1면에 특산품 할인 행사. 스피커(음향)시설 사용으로 홍보 농축수산물 상품에 불만족시 100%환불 보장. 1+1 행사

Source: Youn and Kim (2017b) 등 선행연구를 바탕으로 연구자 재구성

[표 8-11] 전문형 소매상 S사 S점의 인테리어 영역

<table>
<tr><th colspan="2">구 분</th><th colspan="2">내용</th></tr>
<tr><td rowspan="3">1. 구조적 공간</td><td>바닥</td><td></td><td>암회색 화강석 무늬의 타일 마감.</td></tr>
<tr><td>벽</td><td></td><td>원목 패널 마감</td></tr>
<tr><td>천정</td><td></td><td>석고보드 위 / 백색 수성페인트 마감.</td></tr>
<tr><td colspan="2">4. 집기</td><td></td><td>계단형 냉장진열대/계단형 냉동 진열대/양면 형 선반 진열대, 매대 등이 적절함.</td></tr>
<tr><td colspan="2">5. 조명</td><td></td><td>간접 조명 / 원형의 매입등
온화한 조도로 고급스러운 분위기 연출</td></tr>
<tr><td colspan="2">6. 음향</td><td>-</td><td>있음.</td></tr>
<tr><td colspan="2">7. 파사드</td><td></td><td>친환경 상품 이미지 칼라인 연두색 / 원목 패널 배색의 조화</td></tr>
</table>

Source: Kotler(1973)등 선행연구를 바탕으로 연구자 재구성

[표 8-12] 전문형 소매상 S사 S점의 디스플레이 영역

구 분	내용	
1. VP		출입구 전면의 홍보 상품과 시즌 특산품을 전시.
2. PP		중앙 집기 진열대 상단을 PP공간으로 활용, 상품군에 따라 페이싱 진열
3. IP		상품군 별 진열이 매우 양호함.
4. POP와 사이니지		출입구 전면 기둥벽면: 디지털 사이니지/ 브랜드칼라의 냉장 진열대 상단 사인물/ 할인 행사 코너 쇼카드
5. 소도구		장바구니 활용.

Source: Kerfoot et al, (2003)등 선행연구를 바탕으로 연구자 재구성

또한 '유기농과 친환경의 생산지 직·배송상품이 주류'라는 컨셉의 전문성이 있다. 신선하며, 비교적 저렴한 가격대의 브랜드 아이덴티티와 수시로 제공되는 할인행사와 농축수산물 특산품

관련 프로모션이 아파트단지가 밀집한 상권에 입지하였기 때문에 일정시간대의 집객요소로 보여 진다. 즉, 고객의 라이프스타일을 분석하고 상품특성이 고려된 상권에 입지하였을 때 그렇지 않은 경우에 비해 고객유입량이 증가하는 것을 확인하였다.

2. 편의점의 비주얼머천다이징 분석

편의점 사례 분석을 위해서는 프랜차이즈 편의점의 대표 3사 중 국내 편의점의 시초인 세븐일레븐, 프랜차이즈 편의점 중 전년도 매출이 가장 높은 GS25, 소비자의 욕구에 맞춰 2018년 올해 새로 리뉴얼한 CU를 연구 표본으로 선정하여 비주얼머천다이징 관점에서의 국내 편의점 운영시스템 사례를 실증 조사하였다.

편의점 L사 D점

편의점 L사 D점는 1927년 미국 텍사스 주 달라시스에서 시작하였다. 국내에는 1989년 대한민국 최초 편의점 1호 D사 올림픽점 개점하여 현재 국내 8천여점 이상 운영 중이다.

이 책에서는 편의점 L사의 D점을 표본으로 채택해 현장조사를 통해 분석하였다. L사 D점은 경기도 성남시 중원구 산성대로에 소재하고 내부 매장면적 약 31.7m² 이며 1개 6차선 도로가 접면하고 일반 주거지와 상가 주변에 입지하였다. L사 D점의 위치는 8호선 단대오거리역 부근이며 200m 내 24시 편의점 2개, 150m 내 할인백화점 1개, 개인 수퍼마켓 3개, 내 24시 편의점

2개의 경쟁점이 있다. 주변 배후인구 15,226명(2018년 6월)명/km², 입객수 2~3명/1h이다. 남쪽 일반 주거지구는 재개발사업으로 인해 주민이주민 퇴거가 진행 중이며 마찬가지로 북쪽 중앙동 윤락가 및 상업지역도 재개발사업 진행 중이다.

편의점 L사 D점은 롯데그룹의 유통 계열사의 인프라로 그룹 내 유명 제조사 상품을 PB상품으로 이용하며 그룹 내 생산 설비를 가진 편의점이다.

할인 및 맴버십 카드는 앱 스토어에서 L.point 어플리케이션을 다운로드한 후 회원 가입하고 모바일카드를 발급받은 후 L.point APP의 초기화면에서 바코드를 스캔하면 된다.

생활편의 서비스로 ATM은 24시간 365일 입출금이 가능하다. 현금 입·출금, 계좌이체, 송금, 현금서비스, 카드론이 가능하며 교통카드 충전, 즉시대출, 신용정보조회, 무료대출 진단 등이 가능하다. 틴캐시, 퍼니카드, 넥슨, 온캐시, 피망, 겟엠프드 등 80여 온라인 게임 게임이용 가맹점으로 다양한 온라인 콘텐츠, 게임캐시, 국제전화카드, 휴대폰 문자쿠폰 등을 편의점에서 구입·충전 할 수 있는 서비스와 함께 MVNO 서비스(알뜰폰) 등 통신서비스가 지원된다. 휴대폰 배터리 충전이 필요할 때는 24시간 365일 급속 충전이 가능하다. 또한, 125개 'FIFTEENP ARK'에서 간단한 인증절차를 통해 자전거 렌트가 가능한 고양시 공공임대자전거 사업 'FIFTEEN' 이용카드를 판매하기도 하였다. 도서음반, 영화티켓, 외식, 인터넷에서 사용 가능한 소액 결제 상품권, 전국 400개 금강제화 제휴 및 직영매장에서 사용 가능한 상품권 제화 상품권, 롯데백화점 판매하고 있다. 스피또, 팝콘 복권 등

인쇄복권과 스포츠토토, 로또복권 등 온라인복권이 구매가능하다. 24시간 택배 서비스가 가능하며, 별도로 1년 365일 온라인 꽃배달서비스를 운영하는데 도서 산간 제외하고 전국 전 지역 당일 3시간 배송이 가능하다.

[그림 8-7] 편의점 L사 D점의 입지와 상권

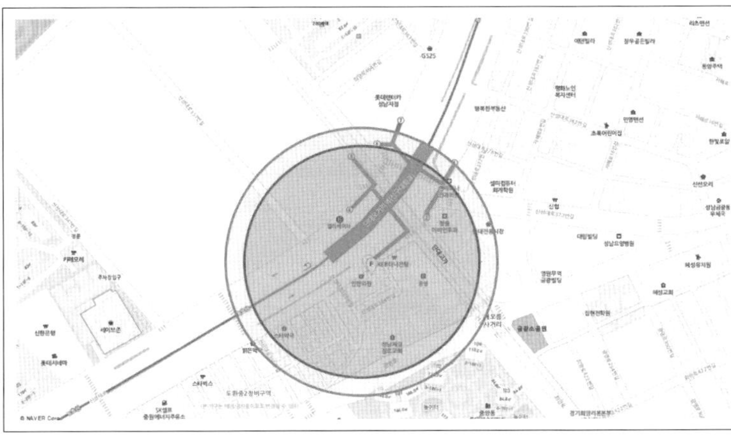

특이한 상품 수령 반품서비스로 '스미트 픽'을 운영하는데 이는 롯데닷컴, 엘롯데, 롯데아이몰, 하이마트 등 온라인몰에서 주문하여 고객이 선택한 세븐일레븐 점포에서 24시간 원하는 시간에 상품을 수령 또는 반품 할 수 있다. 절차는 스마트픽 아이콘이 붙어있는 상품만 이용이 가능하며 상품 주문 후 원하는 편의점 L사의 지점을 모바일에서 검색하고 선택한다. 지정한 편의점 L사의 지점에 택배가 도착하면 문자메세지로 교환권이 발송되고 지점 방문하여 교환권을 직원에게 확인 후 구매상품을 가져가면 된다.

[그림 8-8] 편의점 L사 D점의 평면 레이아웃

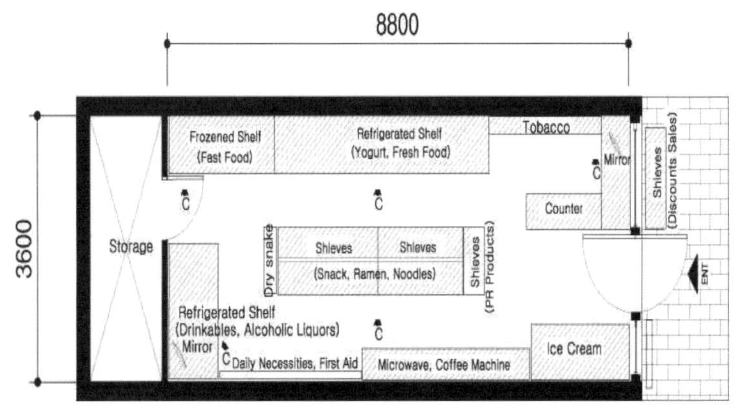

편의점 L사는 온라인에서 쇼핑을 하고, 편의점에서 수령 받아 현금결제 할 수 있는 서비스도 하고 있다. 오픈마켓 '11번가', '바보사랑'에서 상품을 선택하면 현금결제로 영수증과 함께 집에서 쇼핑한 상품을 편의점 L사의 지점에서 수령할 수 있다. 신용카드 결제는 개발 중이며, 향후 모든 온라인 쇼핑몰로 확대 예정이라고 하였다.

1년 365일 24시간 각종 공과금 및 국세, 지방세 등의 납부도 가능하다. 콜센터 경영주와 고객을 위한 통합 콜센터인 세븐콜도 운영 중이다(7-eleven, 2018). 편의점 L사 D점의 VP위치에는 게임관련 케릭터 상품, 문자와 충전카드등이 연출 제시되었다.

[표 8-13] 편의점 L사 D점의 머천다이징 영역

구분	내용	
1. 입지나 상권	소재지	경기도 성남시 중원구 산성대로
	매장면적	약 31.7m²
	가시성 및 접근성	1개 6차선 도로로 접면 입지: 8호선 단대오거리역 부근
	상권 내 경쟁점	200m 내 24시 편의점 2개 150m 내: 할인백화점 1, 개인 수퍼마켓 3개, 내 24시 편의점 2개
2. 브랜드 아이덴티티	7-ELEVEN	가깝고도 편리한 행복 충전소
3. 상품구성 및 레이아웃	담배, 식료품, 스낵류, 주류, 생필품 류 등	공간이 협소하여 각 상품군의 개별 상품량을 최소화 진열
4. 인증시스템	-	누구나 상시
5. 상품정보 인식 및 관리	-	바코드 인식
6. 구매 및 결재시스템	-	카드나 현금
7. 보안시스템	-	보안 카메라 4개(외부 1, 내부5), 반사경 1개
8. 판매원	-	내부 3인
9. 프로모션과 기타 서비스	점두: 시즌상품으로 할인행사70%, 일반 생필품 30% 점내: 시즌상품 행사	점두 1면에 상품 노출. 1+1 행사

Source: Youn and Kim (2017b) 등 선행연구를 바탕으로 연구자 재구성

[표 8-14] 편의점 L사 D점의 인테리어 영역

구 분		내용	
1. 구조적 공간	바닥		연회색 화강석 무늬의 P타일 마감.
	벽		연한 주황색 페인트 도색마감.
	천정		백색 수성페인트 마감.
4. 집기			계단형 냉장진열대/계단형 냉동진열대/양면 형 선반 진열대이나 공간이 매우 협소함.
5. 조명			중앙 :직접 조명 / 주위: 조명박스 단순하고 밝은 조도
6. 음향		-	없음.
7. 파사드			브랜드칼라의 녹색 어닝 / 하부수납장 빨강색

Source: Kotler(1973)등 선행연구를 바탕으로 연구자 재구성

[표 8-15] 편의점 L사 D점의 디스플레이 영역

구 분	내용	
1. VP		매장 내 입구 전면의 홍보 상품 이미지보드 입체적으로 연출, 브로슈어 비치
2. PP		벽장 진열대 상단을 PP공간으로 활용하여 스토리보드 연출, 하단 상품군에 따라 페이싱 진열
3. IP		상품군 별 진열되어있으나, 상품량 최소화 진열.
4. POP와 사이니지		출입구 전면 기둥벽면:디지털 사이니지/ 브랜드칼라의 냉장 진열대 상단 사인물/ 할인 행사 코너 쇼카드
5. 소도구		행잉 집게나 큐빅 장으로 연출

Source: Kerfoot et al, (2003)등 선행연구를 바탕으로 연구자 재구성

그러나 매장 규모는 상품량과 다양한 프로모션을 제시하기에는 매우 제한적이었으며 다양한 프로모션을 쉽게 인지할 수 있는 크기의 POP가 다소 부족하였다.

편의점 G사 G점

편의점 G사 G점을 표본으로 조사분석하였다. 편의점 G사를 운영하는 기업 GS리테일은 2017년 5월 미래형 점포 개설을 위해 KT와 손잡았다.

이 책에서는 편의점 G사 G점을 표본으로 채택해 현장조사를 통해 분석하였다. G사 G점은 경기도 성남시 중원구 산성대로 562번길에 소재하고, 내부 매장면적 약 60m² 이며, 2개 소방도로 접면하고, 주택지 내에 있으나 전방 50m내 대학교 전면 6차선 도로 앞에 입지하였다. 상권 내 경쟁점은 200m 내 24시 편의점 1개 150m 내개인 수퍼마켓 1개, 24시 편의점 1개로 주변 배후인구 32,622 (2018년 6월)명/km² , 입객수 6~7명/1h이다.

현재 G사의 유인편의점에서는 현금인출, 계좌 이체 등 금융서비스 외에도, 프로스포츠(야구, 축구, 배구, 농구) 정규리그 입장권(즉시 입장), 에버랜드 자유이용권의 발권도 가능하다. 생활서비스는 하이패스 충전은 신용카드 결제가 가능하고, 알뜰폰/국제전화/모바일 데이터 등 다양한 서비스를 편의점에서 실시간으로 구입, 충전 할 수 있는 서비스가 있다. 영수증형 PIN 구입과 국제전화카드 충전 이외에 스마트폰 APP를 통한 실시간 잔액 충전 가능하며, 교통카드 충전, 기프트카드, 휴대폰 충전이 가능하다. 이밖에 정수기, 비데 등의 렌탈상품, 알뜰폰부터 KT,

LGU+의 통신상품, 기타 상조와 여행상품등 물품 포장이 가능하다.

[그림 8-9] 각 대표 편의점 3사 매출액과 신장율

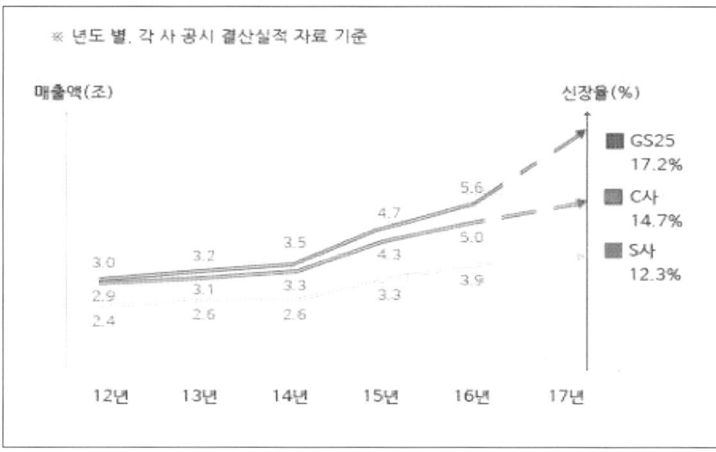

출처: http://gs25.gsretail.com/gscvs/ko/franchise-info/guide#;

택배서비스로는 점포 방문 후 POSTBOX (택배접수장비)로 접수하고 카운터에서 결제하도록 하였다. 택배 픽업 서비스는 수도권 및 광역시 기준으로 평일 17시, 토요일 12시 이전 접수 시 익일 배송 가능하다. 국제택배는 우체국 EMS로 연계되어 배송된다.

국세(소득세, 법인세, 부가세, 상속세, 증여세, 개별소비세, 종합부동산세), 지방세, 건강보험, 국민연금, 고용보험, 산재보험의 4대 보험료와 세금 및 공과금, 통신요금의 납부가 가능하다.

[그림 8-10] 각 점포당 편의점 일 매출액

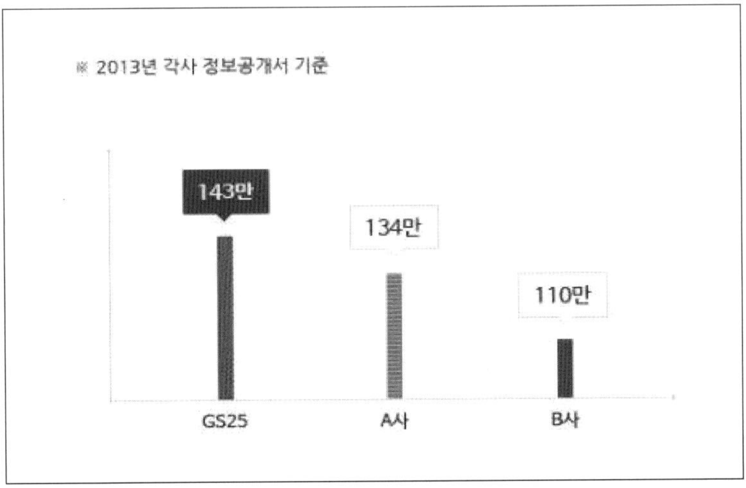

출처: http://gs25.gsretail.com/gscvs/ko/franchise-info/guide#;

[그림 8-11] 편의점 G사 G점의 입지와 상권

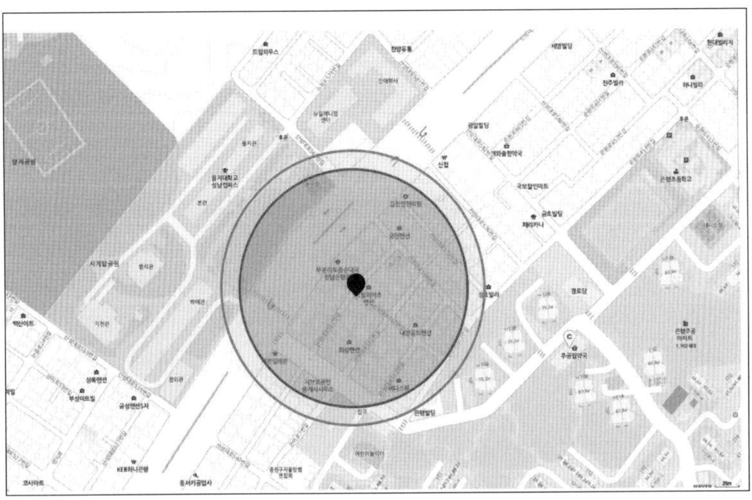

[그림 8-12] 편의점 G사 G점의 평면 레이아웃

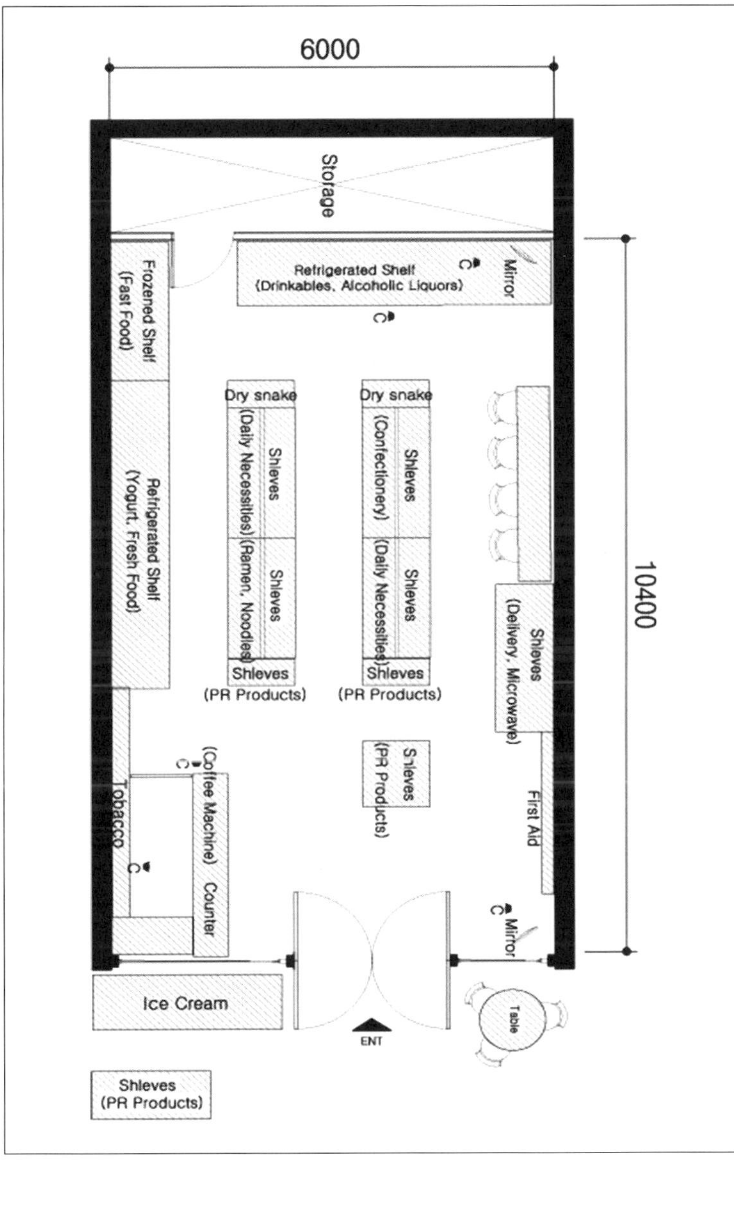

[표 8-16] 편의점 G사 G점의 머천다이징 영역

구 분	내용	
1. 입지나 상권	소재지	경기도 성남시 중원구 산성대로562번길
	매장면적	약 60m²
	가시성 및 접근성	2개 소방도로 접면 입지: 주택지 내에 있으나, 전방 50m내 대학교
	상권 내 경쟁점	200m 내 24시 편의점 1개 150m 내: 개인 수퍼마켓 1개, 24시 편의점 1개
2. 브랜드 아이덴티티		GS25는 고객만족을 최우선 가치로, 고객과 경영주 중심의 상생경영을 실천.
3. 상품구성 및 레이아웃	담배, 식료품, 스낵류, 주류, 생필품 류 등	정수기, 비데 등의 렌탈 상품, 1+1행사/2+1행사/덤 증정상품/PB상품 등
4. 인증시스템	-	누구나 상시
5. 상품정보 인식 및 관리	-	바코드 인식
6. 구매 및 결재시스템	-	카드나 현금
7. 보안시스템	-	보안 카메라 5개(외부 1, 내부4), 반사경 1개
8. 판매원	-	내부 1인
9. 프로모션과 기타 서비스		택배/픽업/공공요금수납/상품권발배/티켓 예약 등

Source: Youn and Kim (2017b) 등 선행연구를 바탕으로 연구자 재구성

[표 8-17] 편의점 G사 G점의 인테리어 영역

구 분		내용	
1. 구조적 공간	바닥		연회색 타일 마감.
	벽		브랜드칼라인 청록색을 벽면도색마감.
	천정		우물천정 / 백색 수성페인트 마감.
4. 집기			계단형 냉장진열대/계단형 냉동진열대
5. 조명			직접 조명
6. 음향		-	있음.
7. 파사드			홍보/ 시즌/ 할인 상품고정 위치

Source: Kotler(1973)등 선행연구를 바탕으로 연구자 재구성

[표 8-18] 편의점 G사 G점의 디스플레이 영역

구 분	내용	
1. VP		출입구 전면의 홍보 상품을 상품군 별 수직배열과 전면진열과 골든 존에 연출
2. PP		중앙 집기 진열대 상단을 PP공간으로 활용, 상품군에 따라 페이싱 진열
3. IP		상품군 별 진열이 양호함.
4. POP와 사이니지		출입구 전면 디지털사이니지/ 청록색 브랜드칼라의 냉장진열대 돌출 POP/ 할인 행사 코너 쇼카드
5. 소도구	 	테이블 위 넵킨 등 연출/ 시장바구니

Source: Kerfoot et al, (2003)등 선행연구를 바탕으로 연구자 재구성

도서음반과 영화티켓 구매, 외식(일부), 인터넷(게임, 포탈)의 사용 가능한 상품권 판매하였다. 프로 스포츠 입장권은 티켓 발권 후 바로 입장이 가능하며, 예매/취소는 경기 전일 18시까지 가능하다. 테마파크 입장권을 판매하며. 현재, 에버랜드 제휴카드를 이용하여 구매할 경우 50% 할인하여 구매할 수 있다.

편의점 G사는 국내 대표 3사 편의점 중 매출액과 신장율이 17.2%로 C사의 14.7%, S사의 12.3%에 비해 가장 높다.

편의점 G사 G점은 1~2인 가구가 늘어나는 사회 구조적인 변화에 맞춰 가까운 편의점에서 식사나 간식으로 필요한 농수축산물을 구매하는 고객이 늘어남에 따라 보다 알뜰한 장보기가 가능하도록 구성한다고 한다(GS25. 2018). 실제로 올해 1월 1일부터 5월 20일까지 농수축산물(과일 포함) 매출은 전년 동기 대비 57.7% 증가했다. 전년 대비 2016년 26.8%, 2017년 28.4% 증가한데 이어 올해 들어 한 끼 채소, 한 끼 스테이크, 한 끼 젓갈 등 소포장 농수축산물을 강화한 결과 편의점 장보기가 늘어나면서 큰 매출 증가를 기록하고 있다. 편의점 G사는 고객들에게 가까운 지점에서 소포장 과일이나 채소, 정육 등을 알뜰하게 구매할 수 있는 경험을 제공함으로써 농수축산 대표 편의점으로 자리매김 하겠다는 전략인 것이다(GS25, 2018).

편의점 G사는 창업 시 운영관리자의 주기적인 점포 방문과 매출활성화 및 운영전반에 대한 지원, 보험료 지원, 재산종합·현금도난·단체 상해 보험료 등을 지원해준다. 전기료 50% 지원 다점포 지원, 가맹비 할인, 재택발주와 함께 점장 교육을 실시한다. 계약기간 동안 지속적인 신선식품의 유통기한 관리를 위한 폐기지원으로 운영비 최소보조를 하고 있다. 또한 24시간 통합 콜센터를 운영하며 우수점포를 선정하고 포상하여 준다(GS25, 2018). 이와 같은 신선식품 관리로 판매상품 중에 신선상품의 매출 비중이 다른 소매점에 비해 높은 편이다.

편의점 C사 U점

2012년 대한민국 독자 브랜드를 출범하고 2017년 신규 개점되는 C사의 편의점은 공급자 중심의 편의점을 벗어나 고객중심의 공간 연출과 상품구성으로 편리함을 넘어서 편안함을 제공하는 편의점으로 거듭나고 있다.

매장의 인테리어는 환하고 깨끗하게 개선하였다. 고객 동선과 전면 시계성을 확보한 점포 Lay-out을 구성하고, 휴게 공간은 캐노피, 조명기구를 설치하여 시각적으로 카페, 미팅룸와 같은 분위기를 마련하였다.

우선 지난해 2017년부터 모바일 기반의 셀프 결제 애플리케이션을 도입했다. 스마트폰 하나로 상품 스캔부터 결제까지 모든 과정을 고객 스스로 해결할 수 있으며, 결제 수단으로 활용 가능하다.

반면, 가맹점주에게는 심야 운영의 선택이 가능하게 하여 모든 가맹점은 영업시간 19시간 또는 24시간 중에서 선택이 가능하다.

점주 수익구조 개선으로 가맹점주의 이익 배분율을 기본 70%에서 80%로 상향 조정하였다. 점포 운영 경비와 임차료 등의 점포 실제 운영비용을 감안한 초기 안정화 제도를 1년 동안 실시한다고 한다. 점주 투자 형식 시스템 도입하여 가맹점주의 주도적 운영을 통한 수익 향상 의지를 극대화한다는 취지이다.

또한 전문 상담사를 통한 고객 24시간 콜센터를 운영하여 불편사항에 즉각적 대응이 가능하도록 하고, 가맹점주 전용 상담 전화 운영, 점주 서비스 개선지도를 시행하고 있었다.

편의점 C사는 가맹점주에게 점포 최적의 SKU(Store Keeping Unit: 점 내 판매단위의 최소제품)를 제안하고 입지 및 면적에 맞는 상품구성을 기획하였다. 특히, 유통기한 정보를 지닌 바코드를 활용하여 유통기한 경과 상품 판매를 차단하는 시스템을 갖추도록 하였다. 이것은 간편 식품 위생관리 시스템이라고 하여 유통기한 경과상품 선택 - 유통기한 경과상품 스캔 - 유통기한 경과상품 경고 - 판매 불가로 이루어져 고객 만족 증대를 유도하기 위함이라고 전하였다. 또한 편의점 C사는 도시락, 김밥, 주먹밥, 샌드위치, 햄버거 등 간편식품 등은 하루에 두 번 생산하고 전국에 배송되며 법적 기준보다 더 엄격한 독자적 품질관리 기준으로 관리하며, 식품제조센터는 HACCP인증을 통해 안전성을 확보하고 원재료 수급부터 제조, 배송, 판매까지 품질관리 체제를 구축하고 있다. 최소단위 납품을 통한 가맹점 재고를 최소화하기 위하여 전용 물류센터를 운영하며 일 3~4회 정시 배송 시스템을 구축하고 있다. 전산 시스템차별화 POS 운용과 상품 판매 동향을 정밀 분석 발주하며 납품, 재고 관리하는 운영시스템으로 개선하였다.

[그림 8-13] 편의점 C사 U점 입지와 상권

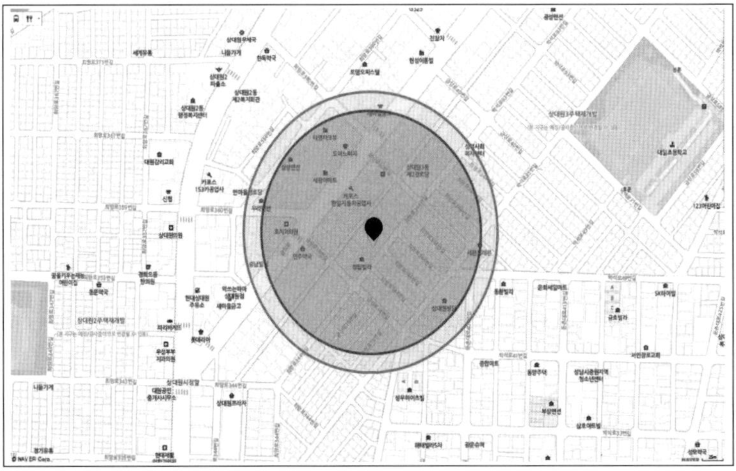

편의점 C사는 물류 시스템물류센터와 제조업체 구조 개선으로 시스템 개선 및 고도화 통합센터 운영하고 있다. 실현상품 소품, 소단위 상품을 제조하며 공간 효율 최적화와 일일배송 시스템으로 편의점 내 일 단위 상품 입고와 재고 최소화 실현하는 운영의 편의성에 중점을 두었다고 하였다. 또한 점포 업무 관리 시스템은 전산화하여 재택업무 시스템 도입으로 점포 업무 통합 관리가 가능하도록 하였다. 이밖에 모바일 시스템으로 다수 점포 동시 관리 가능, 무선모바일 기기를 활용한 점포 관리 가능하고, 커뮤니케이션, 매출, 발주 현황 관리가 가능하였다.

편의점 C사는 동선 하나까지 세심하게 배려하여 매대를 낮추고 복도를 넓힌 쾌적한 쇼핑 공간이 되도록 유도하였다.

[그림 8-14] 편의점 C사 U점 평면 레이아웃

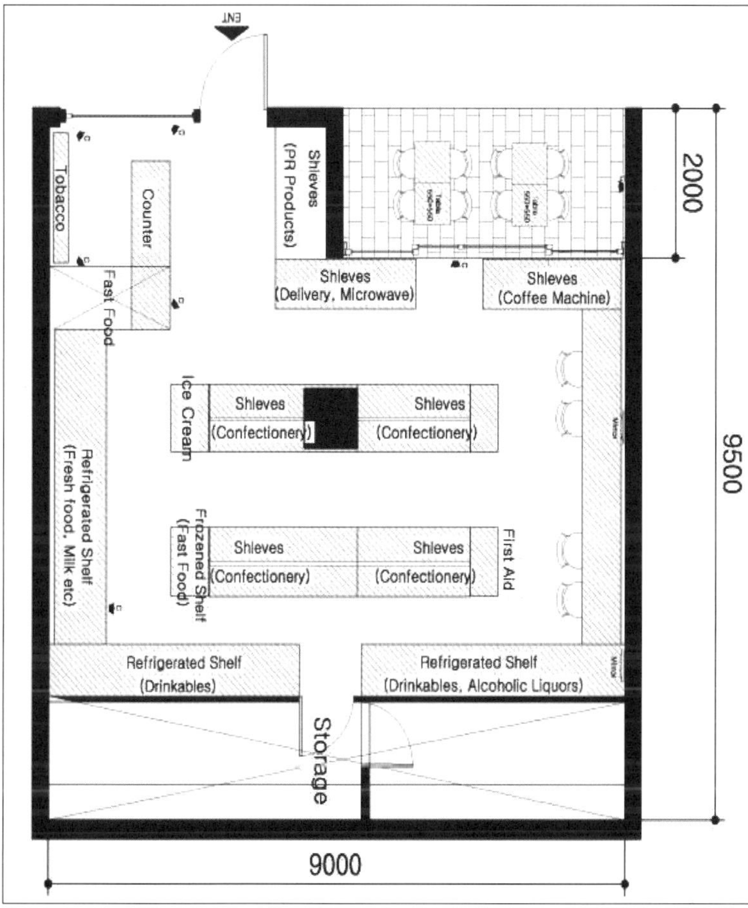

[표 8-19] 편의점 C사 U점의 머천다이징 영역

구 분	내용	
1. 입지나 상권	소재지	경기도 성남시 중원구 희망로 344번길
	매장면적	약 $62m^2$
	가시성 및 접근성	1개 소방도로(경사로)접면 입지: 연립주택지 내
	상권 내 경쟁점	200m 내: 24시 편의점 1개 150m 내: 24시 편의점 1개
2. 브랜드 아이덴티티		신선함으로 일상을 충전하고 활력을 얻는 공간/ 고객의 하루가 시작되고 머무르고 마무리되는 Fresh한 경험
3. 상품구성 및 레이아웃	담배, 식료품, 스낵류, 주류, 생필품류 등	입지 및 면적에 맞는 상품구성/ 간편식품 독자적 품질관리/ 유통기한 경과 상품 판매 차단/ 소단위 상품을 제조하며 공간 효율 최적화와 일일배송 시스템
4. 인증시스템	-	누구나 상시
5. 상품정보 인식 및 관리	-	바코드 인식
6. 구매 및 결재시스템	-	카드나 현금
7. 보안시스템	-	보안 카메라 7개(외부 1, 내부6), 반사경 2개
8. 판매원	-	내부 1~2인
9. 프로모션과 기타 서비스	-	옴니채널 결제서비스/택배 및 픽업 서비스/티켓 판매/휴대폰 충전 및 대여/ CU 느린 우체통 서비스 등.

Source: Youn and Kim (2017b) 등 선행연구를 바탕으로 연구자 재구성

[표 8-20] 편의점 C사 U점의 인테리어 영역

구 분		내용	
1. 구조적 공간	바닥		연갈색 타일 마감.
	벽		브을 벽면도색마감.
	천정		노출 콘크리트 / 백색 수성페인트 마감.
4. 집기			슬라이딩 선반 진열대/ 창고 적재상품상자 자동 진열
5. 조명			직접 조명 / 온화한 조도로 고급스러운 분위기 연출
6. 음향		-	있음.
7. 파사드			카페, 미팅룸과 같은 분위기

Source: Kotler(1973)등 선행연구를 바탕으로 연구자 재구성

[표 8-21] 편의점 C사 U점의 디스플레이 영역

구 분	내용	
1. VP		출입구 전면의 홍보 상품을 상품군별 수직배열과 전면진열과 골든 존에 연출
2. PP		중앙 집기 진열대 상단을 PP공간으로 활용, 상품군에 따라 페이싱 진열
3. IP		상품군 별 진열이 보통임.
4. POP와 사이니지		출입구 전면 디지털사이니지/ 청록색 브랜드칼라의 냉장진열대 돌출 POP/ 할인 행사 코너 쇼카드
5. 소도구		테이블 위 냅킨 등 연출

Source: Kerfoot et al, (2003)등 선행연구를 바탕으로 연구자 재구성

동선 계획은 소비자를 위한 영역 뿐 아니라, 판매원 동선까지 고려된 것이다. 상품이 입고되면 적재하는 창고 50% 전체가 냉장실로 되어있어 적재 · 수납과 동시에 진열되는 시스템을 운영 중이다. 이와 함께 신선식품과 반가공 소포장 상품의 경우는 슬라이딩 선반과 탈착이 가능한 선반 진열대를 사용하여 판매원의 동선과 피로감이 1/2가량 줄어든 것으로 확인되었다.

생활형 서비스로는 택배서비스, 로또판매, CU기프트카드, 야구장 티켓을 판매하며 멤버십 포인트로 혜택을 충전시킬 수 있다. 택배 및 픽업서비스는 국제택배 서비스로 우체국 EMS가 가능하며, 11번가, 티몬, 알라딘, 인터파크, 현대홈쇼핑, GS홈쇼핑, 세이프유 등 제휴된 업체를 통해 승인번호를 받아 POSTBOX를 통해 개인 간 거래 또는 반품을 편리하게 이용하실 수 있다.

중고폰 수거 서비스로 전문 휴대폰 감정사를 통해 중고휴대폰 단말기를 고객으로부터 적합한 가격에 매입하였다. 프리페이드 & 모바일바코드 충전 안내인 프리페이드는 게임 캐시, 문자/통화상품권, 국제전화카드, 기타 온라인 콘텐츠 등을 이용할 수 있는 선불형 영수증 상품권이다. 프리페이드 & 모바일바코드 충전, 국세, 지방세, 공과금 수납 안내지로에 있는 바코드 정보를 통해 가까운 CU에서 언제, 어디서나 세금 및 공과금을 납부가능하다. 온라인 및 모바일에서 상품/서비스를 구매하고 CU에서 결제할 수 있는 옴니채널 결제서비스로 24시간 365일 가까운 CU에서 결제가 가능하다. 휴대폰 충전 및 대여는 24시간 365일 서비스를 이용할 수 있다. CD기 및 티켓 판매와 설치되어 있는 CD/ATM기를 통하여 현금인출, 계좌이체, 신용카드 현금서비스 등의 금융서비스를 이용하실 수 있다. 또한 CD/ATM기를 통해 다양한 티켓 예매가 가능하다. CU에서는 통합단말기를 통해 지역 별 맞춤 교통카드 충전 서비스를 제공하고 있으며, 전국 어느 점포에서나 충전 서비스를 제공 받을 수 있다.

별도의 감성적 서비스로는 'CU 느린 우체통' 서비스를 시행하고 있다.

1년 후의 자신, 가족, 연인 등 소중한 사람에게 바람과 소망을 담아 편지가 가능하다. 또한 CD/ATM기를 통해 다양한 티켓 예매가 가능하다.

3. 무인점포 비주얼머천다이징 분석

1인 먹거리 코너가 점차 늘어나고 품목과 종류가 다양화 되고 있다. 유통시장의 변화가 빨라짐에 따라 자유롭게 결제 이용 가능한 비대면 방식의 오픈마켓이 늘어나는 추세이다. 주요 연구대상인 무인점포 사례 분석을 위해서는 자판기형 무인점포로 무인점포 O사 I점, 현재 국내에 제일 많은 수의 무인점포가 있는 무인점포 E사 J점, 국내에는 제일 먼저 최첨단 결재방식을 적용한 무인점포 L사 L점을 연구 표본으로 선정하였다.

무인점포 O사 I점

현재 국내에서 운영 중인 무인점포는 먼저 O사가 있다. 프랜차이즈 무인점포 기업 O사는 24시간 운영하며 일반 편의점 구조에 무인시스템 운영을 기본으로 하는 '복합 편의점 까페'를 지향한다. 무인점포 O사는 운영비 절감을 위해 무인시스템 시설을 구축하였다고 한다. 누구나 쉽게 직접 물품을 자유롭게 결제하여 이용하는 비대면 방식의 시스템을 자체적으로 개발하여서 체계화, 규격화하여 제공하고 있다. 온라인 편의점과 오프라인 편의점을 동시 운영하고 있다.

이 책에서는 무인점포 O사 I점을 표본으로 조사분석하였다. O사 I점은 경기도 고양시 일산서구 송포로 35에 소재하고 내부 매장면적 약 29.45m² 이며, 2개 4차선도로 접면하여 초등학교, 고등학교, 아파트 단지에 입지하였다. 상권 내 경쟁점은 150m 내 개인 수퍼마켓 1개이다.

O사 I점의 판매 공간에는 설치된 냉장, 즉석, 과자, 음료, 커피 등 각 상품별 자판기를 설치되어있고 카드 및 현금결제가 가능하다. 테이블과 의자가 배치되어있고 데워먹을 수 있는 렌지, 1회용기, TV를 사용할 수 있다.

온라인 홈페이지에서 구입 후 택배 서비스를 받는 형태도 가능하다. 그 외에 커피브랜드 전용 커피머신과 인스턴트 커피를 비치하였고, 카페와 같이 테이블과 의자가 구성된 공간은 전체 면적의 50% 가량 차지하고 있다.

뉴들 365는 대형 모니터를 통해 가맹점 개인광고 소출로 수익이 발생하고, 24시간 영업이 불가능할 경우 옵션에 따라 가맹점주의 지시로 출입문 통제가 가능하다.

[그림 8-15] 무인점포 O사 I점의 입지와 상권

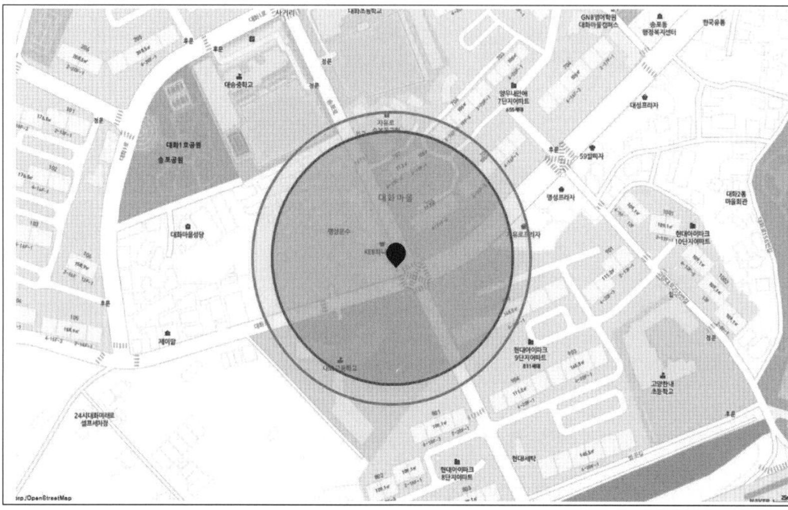

[그림 8-16] 무인점포 O사 I점의 평면 레이아웃

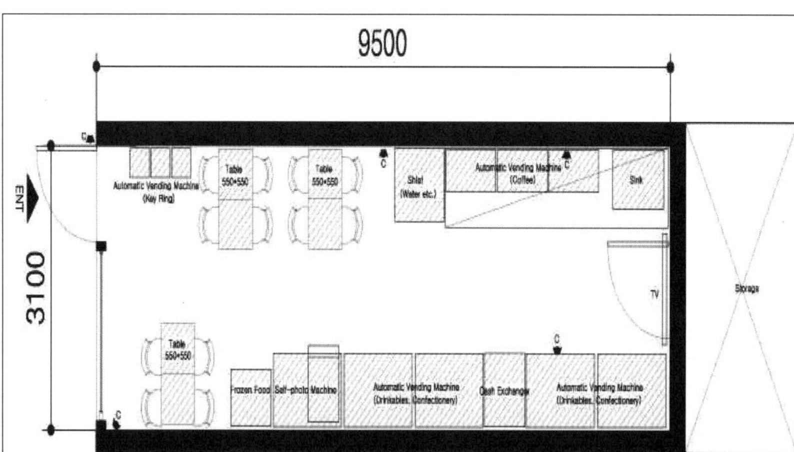

[표 8-22] 무인점포 O사 I점의 머천다이징 영역

구 분	내용	
1. 입지나 상권	소재지	경기도 고양시 일산서구 송포로 35
	매장면적	약 29.45m²
	가시성 및 접근성	2개 4차선도로 접면 입지: 초등학교, 고등학교, 아파트 단지
	상권 내 경쟁점	150m 내: 개인 수퍼마켓 1개
2. 브랜드 아이덴티티		누구나 편안하고 즐겁게 이용할 수 있도록 만들어진 카페형 무인점포
3. 상품구성 및 레이아웃	스낵류, 면류, 음료, 냉동식품, 커피 등	자판기형태, 코인, 자동사진기, 국물류 쓰레기 발생 시 음식물통에 설치된 배출구를 통해 배출되어 냄새 및 오염문제가 해결.
4. 인증시스템	-	누구나 상시
5. 상품정보 인식 및 관리	-	버튼식, 매장 내 전기장치 차단 및 복구 가능
6. 구매 및 결재시스템	-	카드나 현금
7. 보안시스템	-	보안 카메라 4개(외부 1, 내부4), 반사경 1개 휴대폰이용으로 매장 영상정보 확인과 즉각적 대응 가능.
8. 판매원	-	없음
9. 프로모션과 기타 서비스	-	렌지, 1회용기, TV 사용, 연중무휴 스피커(음향)시설 사용으로 홍보

Source: Youn and Kim (2017b) 등 선행연구를 바탕으로 연구자 재구성

[표 8-23] 무인점포 O사 I점의 인테리어 영역

구 분		내용	
1. 구조적 공간	바닥		암회색 화강석 무늬의 P타일 마감.
	벽		백색 벽면도색마감.
	천정		석고보드 / 백색 수성페인트 마감.
4. 집기		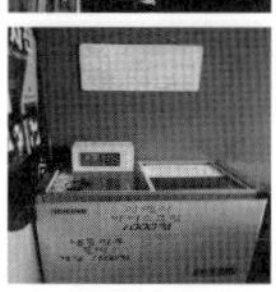	선반 형 자판기기
5. 조명			간접 조명 / 원형의 매입등 온화한 조도로 고급스러운 분위기 연출
6. 음향		-	외장 스피커, 음악방송, 영상 송출
7. 파사드			카페분위기 모던/ 가벼움/ / 천연나무원목의 조화

Source: Kotler(1973)등 선행연구를 바탕으로 연구자 재구성

[표 8-24] 무인점포 O사 I점의 디스플레이 영역

구 분	내용	
1. VP		출입구 전면의 홍보 상품을 상품군별 수직배열과 전면진열과 골든 존에 연출
2. PP		자판기 내 상품군에 따라 진열
3. IP		페이싱 진열
4. POP와 사이니지		출입구 전면 디지털사이니지/ 청록색 브랜드칼라의 냉장진열대 돌출 POP/ 할인 행사 코너 쇼카드
5. 소도구		테이블 위 냅킨 등 연출

Source: Kerfoot et al, (2003)등 선행연구를 바탕으로 연구자 재구성

시설장비 자동판매기 및 매장 조명 등 전기 장치를 필요에 따라 차단과 복구가 가능하며, 보안의 경우 매장영상을 휴대폰으로 확인할 수 있다. 매장 내 무단출입이 발생시 강력한 싸이렌이 울리며, 국물 류 쓰레기 발생 시 음식물 통에 설치된 배출구

통해 배출되어 냄새 및 오염문제가 해결된다고 하였다.

60m² 기준 초기 예상 투자금액이 개인 편의점 7,000만원 내외, 중소 기업 편의점 1억원 내외, 대기업 편의점 1억 4천만원 내외 기준으로 보았을 때 뉴들 365의 경우는 3,000만원/50m² 으로 개인편의점의 절반에도 미치지 않는다. 현재 뉴들356 무인점포 O사 I점의 경우는 월 350~450만원의 순수익을 올리고 있다고 하였다.

무인점포 O사 I점은 컵라면, 라면, 음료, 스낵류, 열쇠고리, 커피 의 자판기와 자동사진기, 냉동식품 쇼케이스를 비치하였지만 지점에 따라 과일, 김치, 반찬 자판기가 설치되기도 한다.

무인점포 E사 J점

무인점포 E사 J점은 2017년 6월 무인점포를 국내 최초로 상용화하였다. 성수 백영점은 오후11시부터 오전6시까지, 장안 메트로점은 오전1시부터 오전6시까지 운영되고, 그 외 시간은 일반 편의점과 같이 유인으로 운영된다. 서울 조선호텔점과 전주 교대점은 24시간 무인으로 운영된다.

무인점포 E사는 창업 시 영업시간 선택이 자유롭다. 영업위약금은 전혀 없지만, 본부지원손실금이 발생할 수 있다.

[그림 8-17] 무인점포 E사 J점의 입지와 상권

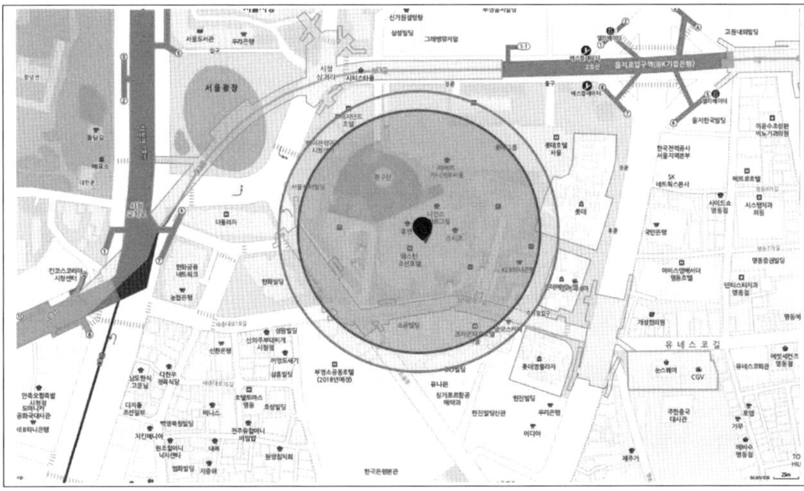

[그림 8-18] 무인점포 E사 J점의 평면 레이아웃

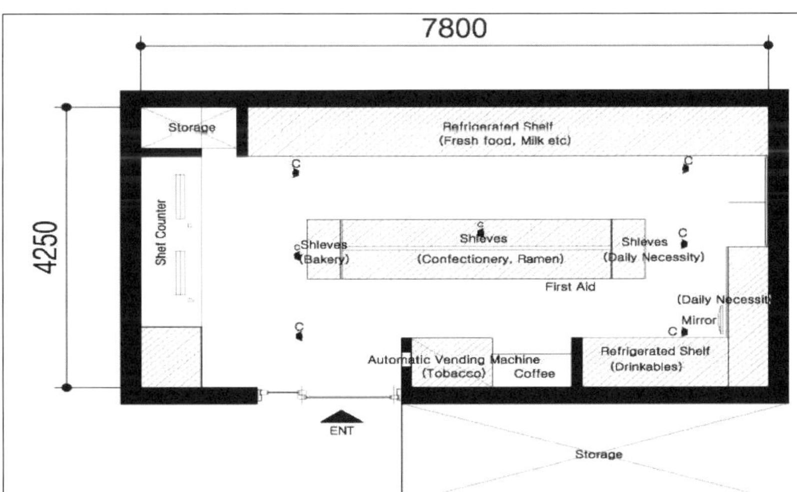

이 책에서는 무인점포 E사 J점을 표본조사하였다. 상품구성은 상권 내 지역 특성을 검토한 후 우수 상품을 파악하여 발주한다. 판매상품은 편의용품, 빵, 음료, 라면, 스낵, 생황용품, 간단 의약품, 커피머신 커피 등 일반 편의점 품목과 다르지 않다. 할인품목도 동일하게 적용되어 판매되고 있다. 주류의 경우 현행 법상 점원이 손님과 대면으로 판매해야 하기 때문에 취급하지 않고, 담배의 경우 자판기를 통해 신분증을 확인 후 신용 카드로 결재되는 형태로 판매하고 있다. E사의 타 지점인 S점의 경우 유인으로 운영되는 시간에만 담배를 판매한다.

관찰한 E사 J점은 10~15분 사이에 1~2인이 출입하였다. 위치상 해당 호텔의 직원들이 자주 사용하므로 근무시간보다도 야간이나 퇴근시간이 주 이용시간으로 확인되었다.

결제는 셀프계산대에서 '즉석도시락/커피'와 '일반상품' 버튼 중 하나를 선택하여 상품의 바코드를 스캔한다. 적립과 할인 선택이 가능하고 SSG페이나 신용카드, 편의점 E사의 쿠폰 중 선택 결제가 가능하다. 무인점포 E점은 대한민국 최초로 체크카드로 상품구매와 동시에 체크카드와 연결된 예금계좌의 잔고에서 현금을 인출 할 수 있는 서비스를 추진하고 있다. 이러한 결제제도는 미국 유럽 일부 선진국에서는 범용화 된 서비스이다. 이밖에 고객이 선택하여 계산대에서 결제하면 카드를 실시간 활성화하여 카드에 기재된 만큼 사용처에서 사용할 수 있는 신개념 선불형 기프트카드를 제시하고 있다. 신세계포인트 적립이 가능하다.

[표 8-25] 무인점포 E사 J점의 머천다이징 영역

구 분	내용	
1. 입지나 상권	소재지	서울특별시 중구 소공로 106 지하 1층
	매장면적	약 60m²
	가시성 및 접근성	조선호텔 내 지하1층
	상권 내 경쟁점	200m 내 중소형 호텔 2개, 150m 내: 롯데소공동 호텔 포함 중소형 호텔4개, 24시 편의점 1개
2. 브랜드 아이덴티티	emart24	경영주와 함께 상생하는 참 다른 편의점
3. 상품구성 및 레이아웃	담배자판기, 스낵류, 유제품, 생필품류, 간단한 의약품 등	진열장과 집기의 상단 수납장화, 매장 모서리 부분의 수납장화
4. 인증시스템	-	신용카드나 체크카드 소지자
5. 상품정보 인식 및 관리	-	바코드 인식
6. 구매 및 결재시스템	-	카드결재, SSG페이
7. 보안시스템	-	보안 카메라 7개(내부), 반사경 1개
8. 판매원	-	없음
9. 프로모션과 기타 서비스	-	출입구의 주통로면에 상품 노출. 유인편의점과 동일한 1+1 행사, 2+1 행사 실시

Source: Youn and Kim (2017b) 등 선행연구를 바탕으로 연구자 재구성

[표 8-26] 무인점포 E사 J점의 인테리어 영역

구 분		내용	
1. 구조적 공간	바닥		연회색 화강석 무늬의 P타일 마감.
	벽		주황과 회색계열의 파벽돌/ 황토색 페인트 도색마감.
	천정		석고보드 / 은회색 수성페인트 마감.
4. 집기			선반형 냉장진열대/선반형 냉동진열대/양면형 선반 진열대/ 생필품은 페이싱진열 보드
5. 조명			간접 조명 / 매입등 온화한 조도로 고급스러운 분위기 연출
6. 음향		-	있음.
7. 파사드			친환경 상품 이미지 칼라인 연두색 / 황토색 배색의 조화

Source: Kotler(1973)등 선행연구를 바탕으로 연구자 재구성

[표 8-27] 무인점포 E사 J점의 디스플레이 영역

구 분	내용	
1. VP		출입구 전면 무인 계산기 주변의 집기에 홍보 상품을 입체적 연출
2. PP		중앙 집기 진열대 상단을 PP공간으로 활용, 상품군에 따라 페이싱 진열
3. IP		상품군 별 진열이 보통임.
4. POP와 사이니지		출입구 전면 디지털사이니지/ 출입방법 안내 / 할인 행사 개별 쇼카드 등 다양한 POP활용
5. 소도구		바코드 스케너, 모니터, 카드 인식기

Source: Kerfoot et al, (2003)등 선행연구를 바탕으로 연구자 재구성

도난의 경우 현장에서 제재할 방법이 없이 감시카메라를 통해 범인을 잡아야 하는 구조이다. 도난 위험 가능성을 배제할 수 없다. 또한 일반 편의점과 가격차이가 없고 고객의 이용 절차 단계가 복잡하여 고객의 할 일이 늘어난 문제가 있다.

또한 무인점포 E점는 모바일 앱을 신설하여 점포 운영정보 영상을 제공하고 있다.

무인점포 L사 L점

2017년 6월 롯데그룹 계열 편의점으로 잠실 롯데월드타워 31층에 유인편의점 기업 L사가 시범적으로 운영하기 시작했다. 2015년 중국대사관점에서 SK텔레콤과 협업을 통하여 증강현실 공간으로 꾸민 스마트 편의점을 선보인 지 2년 만에 개점인 것이다.

이 책에서는 무인점포 L사 L점을 표본으로 현장조사하였다. 운영시간은 오전10시에서 저녁10시까지이며 초기에는 L사 직원들에 한해 시범적으로 운영되고 있었고 롯데카드 소지자와 핸드페이 정보 등록을 거쳐야 출입이 가능하였다. 2018년 3월 경 일반인에게 공개되면서 현재는 롯데월드타워의 1층 로비에서 신분증을 보안카드로 교환 후 해당 층으로 가는 지정 엘리베이터로 이동하면 정맥인증 없이도 매장 출입이 가능하다.

상품은 신선식품, 라면, 스낵, 음료, 생필품 류, 주류, 담배를 모두 취급하며 사물인터넷(IoT) 시스템을 활용하여 냉장고에 사람이 가까이 가면 자동으로 열리게 장치하였다. 주류는 주류상품 스캔 시 직원이 호출되어 확인 후 구매가 가능하다. 담배는

'디지털 담배 자판기'로 신분 확인 후 구입이 가능하며 청소년들의 구입을 차단할 수 있다. VP공간에 와인과 화장품 등은 별도 중앙집기에 전시되어있다. 일반 상품은 바코드를 스캔하고 커피머신 커피는 스마트테그를 스캔한다.

기존의 결재 방식은 고객이 상품을 고른 뒤에 무인계산대에 올려놓으면 360도 모든 방향을 읽을 수 있는 스캐너가 상품가격을 인식한다. 그리고 계산대의 정맥 인증기에 손바닥을 갖다 대면 본인 인증과 함께 결제가 완료된다. 이 무인점포의 핵심 기술은 바로 '핸드 페이(Hand Pay) 시스템'이다. 핸드페이란 롯데카드의 정맥인증결제서비스로서 사람마다 다른 정맥의 혈관 굵기나 선명도 등을 이용하여 사람을 판별하는 것이다. 그러나 2018년 8월 로봇 '브니' 신설 후 결재방식은 핸드페이, 신용카드, 교통카드, 엘페이(L,Pay)로 확대되었다.

'브니'는 코리아세븐과 L 정보통신, L카드 등 2개 L사 그룹 계열사가 개발 참여한 세계 최초의 인공지능(AI) 결제 로봇이다. '브니'는 결제 서비스는 물론이고 기본적인 일상대화와 농담도 가능하다. 무인점포 L사 L점은 이러한 브니에게 '문자음성 자동변환(TTS: Text-to-Speech)' 기능을 활용하여 일상 대화 뿐 아니라 안면 인식, 이미지 모션 센싱, 감정표현, 스마트 결제 솔루션, 판매정보관리(POS)시스템을 구현하고 자가 진단 체크 기능을 통해 고객 서비스에 좀 더 세심한 배려를 하였다.

[그림 8-19] 무인점포 L사 L점 입지와 상권

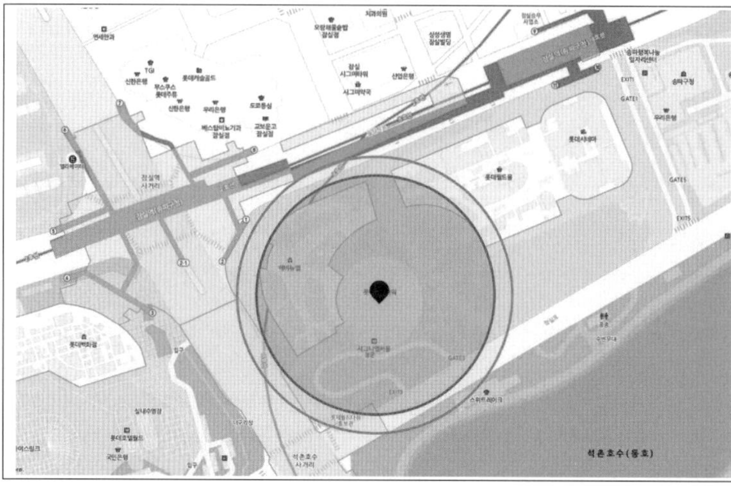

기존의 결재 방식은 고객이 상품을 고른 뒤에 무인계산대에 올려놓으면 360도 모든 방향을 읽을 수 있는 스캐너가 상품가격을 인식한다. 그리고 계산대의 정맥 인증기에 손바닥을 갖다 대면 본인 인증과 함께 결제가 완료된다. 이 무인점포의 핵심 기술은 바로 '핸드 페이(Hand Pay) 시스템'이다. 핸드페이란 롯데카드의 정맥인증결제서비스로서 사람마다 다른 정맥의 혈관 굵기나 선명도 등을 이용하여 사람을 판별하는 것이다. 그러나 2018년 8월 로봇 '브니' 신설 후 결재방식은 핸드페이, 신용카드, 교통카드, 엘페이(L,Pay)로 확대되었다.

'브니'는 코리아세븐과 L 정보통신, L카드 등 2개 L사 그룹 계열사가 개발 참여한 세계 최초의 인공지능(AI) 결제 로봇이다. '브니'는 결제 서비스는 물론이고 기본적인 일상대화와 농담도 가능하다. 무인점포 L사 L점은 이러한 브니에게 '문자음성 자동 변환(TTS: Text-to-Speech)' 기능을 활용하여 일상 대화 뿐 아니라 안면 인식, 이미지 모션 센싱, 감정표현, 스마트 결제 솔루션, 판매정보관리(POS)시스템을 구현하고 자가 진단 체크 기능을 통해 고객 서비스에 좀 더 세심한 배려를 하였다.

[그림 8-20] **무인점포 L사 L점 평면 레이아웃**

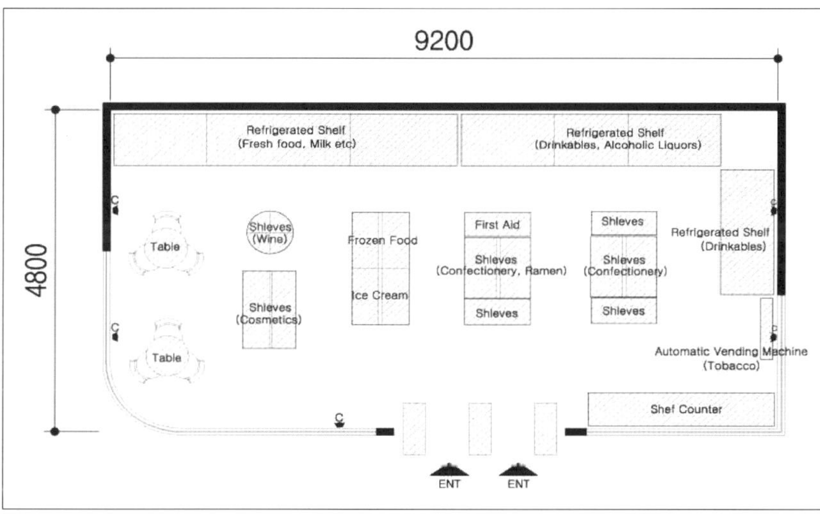

하지만 무인점포 L사 L점은 2018년 8월 현재 무인점포 L사 L점의 추가 확장계획은 있으나 무인점포가 대중화되기 위해서는 다소 시간이 걸릴 것으로 본다. 결재방식이 다양해졌다하더라도 상품 진열과 매장관리는 유인점포와 마찬가지로 인력을 사용해야한다.

[표 8-28] 무인점포 L사 L점의 머천다이징 영역

구 분	내용	
1. 입지나 상권	소재지	서울특별시 송파구 올림픽로 300
	매장면적	약 44m²
	가시성 및 접근성	잠실 롯데월드타워 31층
	상권 내 경쟁점	없음
2. 브랜드 아이덴티티		손바닥만으로 결제하는 미래형 편의점
3. 상품구성 및 레이아웃	신선식품, 라면, 스낵, 음료, 생필품류, 주류, 담배	통로확보가 넉넉하고 연출 전시된 상품을 감상할 수 있는 공간이 형성되어 있음. 주류(직원 호출).
4. 인증시스템		1층 로비에서 신분증으로 보안카드 교환
5. 상품정보 인식 및 관리	-	바코드 인식
6. 구매 및 결재시스템	-	핸드페이, 신용카드, 교통카드, 엘페이(L,Pay)
7. 보안시스템	-	보안 카메라 4개(외부 1, 내부3), 반사경 1개
8. 판매원	-	내부 1인
9. 프로모션과 기타 서비스	-	점두 1면에 상품 노출. 스피커(음향)시설 사용으로 홍보

Source: Youn and Kim (2017b) 등 선행연구를 바탕으로 연구자 재구성

[표 8-29] 무인점포 L사 L점의 인테리어 영역

<table>
<tr><th colspan="2">구 분</th><th colspan="2">내용</th></tr>
<tr><td rowspan="3">1. 구조적 공간</td><td>바닥</td><td></td><td>황회색 세라믹타일 마감.</td></tr>
<tr><td>벽</td><td></td><td>백색/ 내부 조명 설치/ 2개면 투명유리</td></tr>
<tr><td>천정</td><td></td><td>오픈</td></tr>
<tr><td colspan="2">4. 집기</td><td></td><td>백색 쇼케이스 / 진열대별 조명 설치/은색 철재 마감
담배자판기
무인계산대</td></tr>
<tr><td colspan="2">5. 조명</td><td></td><td>간접 조명 / 집기와 벽체에 내부 조명/ 조도 낮음</td></tr>
<tr><td colspan="2">6. 음향</td><td>-</td><td>있음.</td></tr>
<tr><td colspan="2">7. 파사드</td><td></td><td>백색 / 물결무늬 환상적 분위기의 내부 조명</td></tr>
</table>

Source: Kotler(1973)등 선행연구를 바탕으로 연구자 재구성

[표 8-30] 무인점포 L사 L점의 디스플레이 영역

구 분	내용	
1. VP		출입구 전면과 휴게테이블 주변의 집기에 홍보 상품을 입체적 연출
2. PP		쇼케이스 중앙 집기 진열대 상단을 PP공간으로 활용, 상품군에 따라 페이싱 진열
3. IP		상품군 별 진열이 보통임.
4. POP와 사이니지	 	출입구 전면 디지털사이니지/ 무인계산대 주변 디지털사이니지/ 행사 홍보 베너
5. 소도구	 	로봇 브니/ 무인계산대의 수동 계산시 컨베이어 벨트, 자동 계산시 무인계산대의 스캐너

Source: Kerfoot et al, (2003)등 선행연구를 바탕으로 연구자 재구성

하지만 무인점포 L사 L점은 2018년 8월 현재 무인점포 L사 L점의 추가 확장계획은 있으나 무인점포가 대중화되기 위해서는 다소 시간이 걸릴 것으로 본다. 결재방식이 다양해졌다하더라도 상품 진열과 매장관리는 유인점포와 마찬가지로 인력을 사용해야한다.

무엇보다 이러한 시스템을 운영하기 위한 큰 문제는 시설운영비이다. 현재 무인점포 L점은 대형 유인점포 신설 금액 보다 3배 큰 3억 정도 소요되는 것으로 산정된다. 아직까지는 손익추구를 위한 것이 아닌 4차 산업혁명을 대비하기 위한 테스트 과정 중 하나라고 보인다.

이 책에서 현장 조사한 무임편의점을 중심으로 문제점을 정리하자면 다음과 같다. 먼저, 초기 시스템 구축을 위한 높은 창업비용이다. 둘째, 정맥 스캔, 지문 등 신분 인증에 필요한 회원가입의 불가피성을 들 수 있다. 셋째, 고객 직접 결제방식은 고객신뢰 의존도가 높아 구매절차가 복잡하면 재방문율이 줄고 매출손실을 가져올 수 있다는 점이다. 넷째, O사 I점과 같이 커피숍이나 오피스업무와 같은 부가 서비스가 제공되는 경우 불필요하게 장시간 잔류하는 고객이 발생한다. 다섯째, 시스템 오류와 보안에 관한 점이다. 여섯째, 판매원과 고객의 소통 부족에서 오는 구매촉진과 상품홍보의 어려움이다. 일곱째, 일자리 감소라는 부정적 영향이다.

국내의 무인점포 시스템구축현황은 [표 8-31]와 같다.

{표 8-31} 국내의 무인점포 시스템 구축현황비교

이름	무인점포 O사 I점	무인점포 E사 J점	무인점포 L사 L점
운영 시간	24시간(청소년 사용 가능 (09:00~22:00)	· E사 S점: 오후11시~오전6시 · E사 M점: 오전1시~오전6시 · E사 J점: 24시간 · E사 K점: 24시간	오전10시~저녁10시
신분 인증	일반인	신용카드	L사 회원, 일반인(보안카드 소지자)
계산대	*X*	O	O
상품 식별	개별 자판기	바코드	RFID칩
결재	카드나 현금	SSG페이나 신용카드	핸드페이, 신용카드, 교통카드, 엘페이(L,Pay)
보안	감시카메라, 비상벨	감시카메라	감시카메라, 정맥등록
특이 사항	게임서비스 제공	· E사 S점: 유인 운영 시에 담배 판매 · E사 M점, E사 J점, E사 K점: 담배 자판기로 신분증을 확인 후 신용카드 결재	잠실월드점 1층 로비에서신분증 과 보안카드 교체 후 이용가능

Source: 연구자 재구성

4. 무인점포에 대한 비주얼머천다이징 현황 정리

이 책에서 비주얼머천다이징 관점에서의 무인점포의 운영시스템에 관한 전략을 제시하기 위하여 국내 소매점의 운영시스템에 관한 현장 조사 연구를 실시하였다. 서울시와 수도권에 소재하고 편의점과 식품을 포함하여 유사한 상품군을 구비하고 판매하는 조건으로 경쟁소매점 3개소, 일반 편의점 3개소, 무인점포 3개소로 총 9개소를 대상표본으로 선정하여 조사하였다.

국내 소매점 9개를 중심으로 현장 조사한 결과를 아래와 같이 정리하였다.

먼저 머천다이징영역에서 상권과 입지에 따라 상품구성이 차이가 있는 것을 확인하였고, 면적규모는 유인점포가 31.4m² 에서 203m² 로 차이가 큰 반면, 무인점포는 29.5m² 에서 60m² 로 그 차이가 비교적 적었다.

브랜드 아이덴티티는 카페, 간단 식사 등을 위한 휴식, 편안함의 컨셉이 포함된 것으로 확인되었다.

상품구성은 자판기형태의 무인점포 O사 I점의 경우는 신선식품은 없었고 즉석식품의 냉동고가 별도 있었으며, 냉장상품의 경우 유통기한이 긴 상품을 진열하였다. 무인점포 O사 I점은 주류와 담배를 전혀 판매하지 않았고, 무인점포 E사 J점과 L사 L점의 경우는 신분 확인을 거치는 자판기 이용이나, 유·무인이 병행되는 점포의 경우 유인일 때만 판매하는 형식을 갖추었다. 엄밀히 말하면 무인점포 L사 L점의 경우는 무인점포이지만, 점포 주변에 직원이 상시 대기하고 있었기 때문에 완벽한 무인시스템의 소매환경이라고 보기는 어렵다. 특히 상품 레이아웃과 동선의 전체 흐름이 제일 자연스럽게 연계되었을 뿐 아니라 판매자 동선까지 고려한 곳은 편의점 C사 U점이었다.

상품정보 인식 및 관리는 N점, H사 P점, S사 S점, 편의점 L사 D점, 편의점 G사 G점, 편의점 C사 U점, 무인점포 E사 J점 총 7개소가 바코드로 상품을 인식을 하였고 무인점포 O사 I점의 경우는 버튼식 코인형태와 자판기 외부에 노출된 커피는 바코드 인식을 병행하였다. RFID칩을 이용하는 곳은 무인점포 L사 L점으로 1개소 확인되었다.

구매 및 결제시스템은 유인점포의 경우는 현금과 카드, 무인점포의 경우는 회원등록 혹은 카드 인식, 모바일 페이, 현금 등 다양하였다. 특히 무인점포 중 O사 I점은 3개소 중 유일하게 현금사용이 가능하였다. 이 때문에 입지는 어느 지역이나 상관없이 개점이 가능하고, 대상고객의 연령층도 다양하게 확보할 수 있는 장점이 있다.

보안시스템은 감시카메라가 4~7개로 면적 대비 유인점포보다 무인점포가 3~4개 더 많은 것으로 확인되었다.

판매원은 유인 점포인 N점은 1~2명, H사 P점은 5~6명, S사 S점은 3~5명, 편의점 L사 D점, 편의점 G사 G점, 편의점 C사 U점은 1~2명이 상시 근무하였고, 무인점포 3개소 중 O사 I점, E사 J점 2개소는 전혀 없었으며, 1개소 L사 L점의 경우 1층 보안카드 배포 및 안내실의 5인, 무인점포 주변으로 2~3인의 보안과 안내 요원이 대기 하였다. 국내 편의점협회(CVS)에서 조사한 편의점당 평균종업원의 수는 최근 5년간 6.7~7.1 명으로 추산되는데 현장조사에서 보이는 상시 근무자의 수가 적은 것은 다른 시간대의 일용 근무자, 물류와 상품 관리 등의 종업원 수가 포함됐음을 의미한다. 또한, 국내에서 시행되고 있는 무인점포는 판매원을 포함한 상시 종업원이 0~8명으로 큰 차이를 보였는데, 현재 무인점포의 운영시스템에서는 일반 편의점보다 인건비 감소가 되고 있다고 보기는 어려운 상태이다.

프로모션과 기타 서비스에 있어서는 기본상품에서는 덤, 1+1, 2+1의 할인행사가 주를 이루었고, 카드발행, 쿠폰, 티켓, 우편, 택배서비스 등의 서비스가 주를 이루었다. 현장 조사한 9개 소매점 중 무인점포 O사 I점을 제외하고 모두 할인과 덤 행사를 실시하고 있었다. 덤과 할인행사, 이벤트 신선상품관리 등은 전반적으로 매장관리 비용이 많이 들게 된다. 무인점포의 제일 큰 난제 중의 하나가 값비싼 운영비인데 O사 I점은 실용적 비용으로 초기 창업비와 운영 관리가 가능하다. 이것은 프로모션과 기타 서비스, 보안, 인증, 결제 시스템 규모를 최소화하고 절차를 단순화하여 비용을 절감한 것에서 비롯된 것으로 추측된다.

국내 소매점 9개소를 머천다이징 영역에서 운영시스템 전반을 비교 분석해 본 결과 편의점 C사 U점이 가장 높은 52점으로 평가되었다. 편의점 C사 U점이 머천다이징 영역에서 가장 바람직하게 운영되고 있음을 확인하였다. 머천다이징 영역에서 국내 소매점 9개소의 운영시스템 비교 분석한 것은 [표 8-32]과 같다.

[표 8-32] 머천다이징 영역에서 국내 소매점 비교 분석

구분	구성요소	개인 N점	H사 P점	S사 S점	L사 D점	G사 G점	C사 U점	O사 I점	E사 J점	L사 L점
머천다이징 영역	1. 입지나 상권	-	-	-	-	-	-	-	-	-
		-	-	-	-	-	-	-	-	-
		-	-	-	-	-	-	-	-	-
		5	5	5	5	5	5	5	3	3
		3	3	3	3	3	4	5	5	5
	2. 브랜드 아이덴티티	2	5	5	4	4	5	5	5	5
	3. 상품구성 및 레이아웃	2	4	4	3	4	5	4	5	5
	4. 인증시스템	5	5	5	5	5	5	5	3	1
	5. 상품정보 인식 및 관리	1	5	4	3	3	5	4	5	3
		1	5	4	3	3	5	5	4	5
	6. 구매 및 결재시스템	5	5	5	5	5	5	3	4	3
	7. 보안시스템	2	5	4	4	4	4	3	4	5
	8. 판매원	2	3	4	4	4	5	-	-	4
	9. 프로모션과 기타 서비스	3	5	5	3	4	4	3	3	3
	소 계	31	50	48	42	44	52	42	41	42

Source: Youn and Kim (2017b)등 선행연구를 바탕으로 연구자 재구성

두 번째, 인테리어영역에서 공간구획은 전체 창고가 있는 상태이고, 출입구 주변, 카운터 주변, 휴게 공간 주변의 통로 확보, 연출 전시된 상품을 감상할 수 있는 공간이 계획된 것으로 확인되었다. 구조적 공간에서 바닥은 전체적으로 무난한 톤의 색상이 활용되었는데 N점, H사 P점, 편의점 L사 D점, 편의점 G사 G점은 비교적 저가의 바닥재인 P-Tile을 사용하거나 회색, 연한 황색 세라믹타일로 노후된 상태였다. S사 S점, C사 U점, O사 I점, E사 J점, L사 L점은 신설되었거나 고급스러운 세라믹타일시공으로 고급스러운 분위기가 연출되었다. 벽 마감재는 전반적으로 전체 색 톤은 백색이 주를 이뤘으며, 브랜드 색상으로 포인트 부분이 마감되었다. 그 중에는 S사 S점, 무인점포 E사 J점은 천연 원목이나 파벽돌을 사용하여 실내 벽이 고급스러운 분위기와 따뜻한 색조로 연출되었다. 무인점포 L사 L점은 백색 도색과 유리를 사용하여 현대적이고 미래지향적인 분위기가 연출되어 20~30대의 고객에게 매우 호감도가 높았다. 천정의 마감재는 전체적으로 백색 도색이 주를 이루었다.

조명은 N점, 편의점 L사 D점, 편의점 G사 G점은 차갑고 밝은 직접조명과 높은 조도를 사용했고 H사 P점, S사 S점, 무인점포 O사 I점은 무인점포 L사 L점은 비교적 낮은 조도와 온화한 분위기가 연출되었으며, 편의점 C사 U점, 무인점포 E사 J점은 밝고 따뜻한 조명을 사용하였다. 무인점포의 경우는 도난의 우려가 높기 때문에 밝은 조명과 조도를 높여서 보안을 유지해야 하지만, 무인점포 O사 I점은 상품 집기가 자판기 형태가 대부분이고, 무인점포 L사 L점은 매장 주변에 보안 직원이 상주하며 벽체 또한 1/2가량 투명유리로 매장 외부에 노출이 되는 상태이므로 현재의 조도로도 가능하리라고 추측된다.

진열집기의 경우 중앙집기는 9개소 모두 사이드부분에도 선반형태인 양면형으로 사용되었다. 벽장 진열집기는 선반형 냉장쇼케이스, 선반형 냉동쇼케이스를 설치하였고, 특히 편의점 C사 U점의 경우 진열과 매장관리까지 고려한 집기의 차별화된 높이조절이 눈에 띄었다. 또한 창고를 2개 타입으로 구분하여 수납적재만 가능한 창고 한 부분과 냉장실화 되어있는 창고에서는 상품 적재인 동시에 진열이 될 수 있는 형태의 쇼케이스를 두어 판매원 동선의 단순화시키고 노동을 최소화하는 방안이 확인되었다. 집기의 형태와 높이는 연출 상품과 진열 상품에 따라 변화가 있었고, 이벤트와 행사 중인 상품의 높이도 매우 적절하였다. S사 S점, 편의점 C사 U점, 무인점포 E사 J점, 무인점포 L사 L점은 연출 집기에 특히 다양한 변화가 있었다.

파사드(전면 외관)는 공통적으로 자사 브랜드의 칼라를 사용하여 출입구 상단에 브랜드로고를 삽입한 간판을 설치하였다. 양쪽 기둥과 출입구 전면은 유인점포의 경우는 내 · 외부 마감재가 동일하게 연결되었고, 무인점포의 경우 출입 인증을 위한 안내 POP가 설치되어있으며 인증위한 버튼과 기기가 설치되어있었다. 무인점포 E사점의 출입구 중 출구를 제외한 유리면은 출입인증과 매장 이용안내 POP로 시선이 차단되어 있고, 그 외에는 벽체이므로 보안상 문제가 외부에 노출되지 않을 우려가 있는 구조이다.

국내 소매점 9개소를 인테리어 영역에서 운영시스템 비교 분석해 본 결과 S사 S점, 편의점 C사 U점, 무인점포 L사 L점이 동일하게 가장 높은 39점으로 평가되었다. S사 S점, 편의점 C사 U점, 무인점포 L사 L점이 인테리어 영역에서 가장 바람직하게 운영되고 있음을 확인하였다. 인테리어 영역에서 국내 소매점 9개소의 운영시스템 비교 분석한 것은 [표 8-33]와 같다.

[표 8-33] 인테리어 영역에서 국내 소매점 비교 분석

구분	구성요소	개인 N점	H사 P점	S사 S점	L사 D점	G사 G점	C사 U점	O사 I점	E사 J점	L사 L점
인테리어 영역	1. 구조적 공간	3	5	5	4	4	5	5	5	5
		2	2	5	3	4	4	4	4	5
		2	4	5	4	4	5	5	5	5
		2	3	5	3	3	5	5	5	5
	2. 집기	2	4	5	4	4	5	4	5	5
	3. 조명	3	3	5	3	3	5	3	4	4
	4. 음향	3	3	5	3	3	5	5	5	5
	5. 파사드 (전면외관)	1	3	4	4	5	5	5	4	5
	소 계	18	27	39	28	30	39	36	37	39

Source: Kotler(1973)등 선행연구를 바탕으로 연구자 재구성

세 번째, 디스플레이영역에서는 유인점포와 유인점포의 구분 없이 운영사측의 매장관리 교육과 관리담당자 배치여부에 따라 상품진열이 차이가 있었다. 또한 전체 상품량에 비해 공간이 협소할수록 행잉되는 상품의 양이 많았다.

VP는 집기 형태에 비례하여 상품구성과 연출이 이루어졌다. 구체적으로 S사 S점, 편의점 C사 U점, 무인점포 E사 J점, 무인점포 L사 L점은 VP공간을 적절히 활용하여 상품이 전시되었는데, 특히 S사 S점은 제철상품과 특화상품을 POP와 함께 전시하였고, 편의점 C사 U점은 행사상품과 즉석상품을 다양한 소도구와 연출 방법으로 재미난 구성을 보였으며 무인점포 L사 L점은 차별화되고 고급스러운 상품을 전시하였다.

PP는 전반적으로 진열대의 맨 윗부분을 활용하여 연출되었다.

IP 또한 대체적으로 잘 구성되어 있었으나, N점의 경우는 공간에 비해 상품량이 매우 많아서 적재하는 형태로 진열되었고, 진열상품의 높이도 균일하지 못하게 진열되어서 개선이 시급하였다.

POP의 개수는 유인점포에 비해 무인점포의 경우 매장 외부에 최소 3개, 매장 내부에 최소 5개가량 더 많았다. 무인점포의 경우는 판매자와의 소통을 대신하여야 함으로 적재적소에 크기와 내용으로 제시되어야 한다.

소도구는 장바구니를 담는 카트나 장바구니가 비치되어 있는 곳은 H사 P점, S사 S점, 편의점 G사 G점, 편의점 C사 U점, 무인점포 L사 L점이었다. 이것은 점포 면적 규모가 클 경우 상품량이 많고 동선 또한 길기 때문에 매장 면적에 따라 차이가 있는 것으로 보인다.

국내 소매점 9개소를 디스플레이 영역에서 운영시스템 비교 분석해 본 결과 편의점 C사 U점이 가장 높은 35점을 보였다. 편의점 C사 U점이 디스플레이 영역에서 가장 바람직하게 운영되고 있음을 확인하였다.

[표 8-34] **디스플레이 영역에서 국내 소매점 비교 분석**

구분	구성요소	개인 N점	H사 P점	S사 S점	L사 D점	G사 G점	C사 U점	O사 I점	E사 J점	L사 L점
디스플레이 영역	1. VP	1	4	4	2	3	5	3	5	5
	2. PP	3	5	4	4	4	5	4	4	4
		3	5	4	4	4	5	5	5	5
	3. IP	2	4	4	4	4	5	5	5	5
	4. POP와 사이니지	3	5	4	3	3	5	4	4	4
		2	5	4	3	3	5	5	5	5
	5. 소도구	2	4	3	4	4	5	5	4	5
	소 계	16	32	27	24	25	35	31	32	33

Source: Kerfoot et al, (2003)등 선행연구를 바탕으로 연구자 재구성

전체 분석 결과를 종합해 볼 때 소매점 9개소를 비주얼머천다이징 관점에서 운영시스템 비교 분석해 본 결과 편의점 C사 U점이 가장 높게 평가되었다. 이것은 판매자 구성요소에서 얻을 수 있는 평가가치를 감안하더라도 편의점 C사 U점이 가장 바람직하게 운영시스템을 갖추고 있음을 확인하였다. 디스플레이 영

역에서 국내 소매점의 비주얼머천다이징 비교 분석한 것은 [표 8-34]와 같다.

제 5 부

무인점포 비주얼머천다이징 개선방향 논의

본 연구(제5부 무인점포 비주얼머천다이징 개선방향 논의)에서 제시한 소매업, 편의점, 무인점포 사례 분석에 따른 결과를 통해 입지상권의 형태에 따라 주거 밀집지역 상권, 학교 밀집지역 상권, 오피스 밀집지역 상권의 세 가지 형태로 구분하여 구체화된 운영 시스템 모델을 제시하고자 한다.

제9장 주거 밀집지역 상권의 무인점포 모델 제안

1. 머천다이징 영역

주거 밀집지역 상권의 입지는 일반 주택이나 아파트 밀집지역, 노령인구 밀집 지역으로 야간과 주말 판매율이 높은 경우를 대상으로 한다.

국내 소매점을 현장 조사한 결과 무인점포의 면적규모는 29.5m² 에서 60m² 로 분석되었다. 이는 편의점을 무인화 할 경우 너무 작게 되면 쾌적하지 못하고, 너무 크면 상품관리와 매장 관리에서 불리할 수 있다. 그러나, 입지에 따라 최소화한 상품량으로 편의점이 갖춰야할 상품을 구성해야한다. 따라서 주거 밀집지역 상권은 전문형 소매점 S사 S점과 편의점 C사 U점의 면적을 기준으로 최하 40m² 에서 최상 60m² 이내의 매장 내부 면적을 제안하고자 한다.

브랜드 아이덴티티는 고객의 편의성과 쾌적함, 편리함, 편안함, 신선함 등의 의미를 내포하는 브랜드 컨셉을 가지고 있어야 한다. 특히 노령화 인구 율이 높은 주거 밀집지역은 생산자와 소비자의 직거래 상품이 제철마다 구비되는 방식으로 차별화된 컨셉 제시가 필요하다. 주거 밀집지역 상권의 무인점포는 특히 구매와 결재 시 여러 절차에서 오는 불편함이 있다면 편의성에서 뒤떨어질 것이다. 즉, 구매와 결재 시 최소한의 단계를 거치고 단순화시키도록 한다.

무인점포 운영사측은 점포크기에 적합한 최적의 점 내 판매단위의 최소제품을 기획하여 제안할 필요가 있다. 진열상품은 보기 좋고 찾기 쉽도록 한다. 진열 상품은 유통기한 정보를 지닌 바코드를 활용하여 유통기한 경과 상품 판매를 차단하는 시스템을 갖추도록 하고 반품 상품에 대한 구분도 명확하게 이루어져야 한다. 최소단위 납품을 통한 가맹점 재고를 최소화하기 위하여 전용 물류센터를 운영할 필요가 있으며 일일 정시에 배송하는 시스템을 구축할 필요가 있다.

전산 시스템은 POS 운용과 상품 판매 동향을 정밀 분석 발주하며 납품, 재고 관리하는 운영시스템으로 개선하여야 한다. 매장 레이아웃과 동선은 입구 초입에서 본인인증이 된 방문자만 출입이 가능하도록 계획한다.

출입 시 인증시스템은 보안문제 및 상품관리와도 직접적인 연관이 있다. 이에 매장출입구는 지하철의 개찰구와 같은 형태로 신분인증이 선행되어야 하는데, 신분인증은 미리 스마트폰의 앱이 있는 경우와 앱(APP)이 없는 경우 두 가지로 나눌 수 있다. 거주 밀집지역 상권의 노령화 인구가 많은 경우는 앱 사용이 불편하거나 어려움을 느끼는 사용자가 많을 수 있다. 따라서 앱이 없는 경우를 더 세밀하게 계획하여야한다. 구체적으로 스마트폰에 앱이 있는 경우는 출입구에서 앱을 켜면 자동으로 인증되고 안면 인식하여 입장이 가능하도록 한다. 앱이 없는 경우는 첫 방문일 경우는 출입구에서 자신의 신분증을 스캔하고 휴대폰번호를 입력을 하면 자동으로 GPS가 켜지면서 고객의 이동경로

추적이 가능하도록 한다. 이렇게 등록된 회원은 두 번 이상 방문 시에는 자신의 휴대폰 번호만 입력하여도 인증되도록 한다. 현재 열차 예약 시 신분증이나 신용카드를 이용한 모바일 앱이 현재 사용 중이므로 기존 인증 시스템 응용이 용이할 것이다. 고객은 매장 내 이동시 안면인식시스템으로 위치추적 되도록 한다. 이는 앱 이용이 가능한 스마트폰 소유자나 ICT활용이 가능한 고객 뿐 아니라, 앱 이용이 불편한 고객이나 노령화된 고객의 출입을 가능하게 하기 위함이다.

구매 및 결제시스템은 절차가 단순하도록 조성해야한다. 모바일 기반의 셀프 결제 애플리케이션을 도입하여 스마트폰 하나로 상품 스캔부터 결제까지 모든 과정을 고객 스스로 해결할 수 있으며, 결제 수단으로 활용 가능하도록 하도록 한다. 앱과 신분인증을 통한 고객정보는 저장해서 고객 패턴에 맞는 상품구색으로 개선하는 지속적인 비주얼머천다이징 관리가 필요하다. 시각장애인이 고객인 경우 앱에는 별도의 표시가 되고 상품을 집었을 때 스마트폰에서 자동 구매 알림 소리가 나오는 추가서비스가 제공되도록 한다. 계산대의 형태는 상품을 올려놓으면 자동 계산되도록 하고 현금과 카드 중 선택 결재가 되도록 한다. 결재 방식의 선택 버튼과 경로는 결재 방식 선택-〉 결재-〉 확인 및 잔돈 반환으로 2~3단계를 넘지 않도록 한다. 상품을 가지고 계산대 올리지 않고 그대로 매장 출구로 나가면 전철 개찰구와 같은 출입구에서 경보가 울리도록 한다. 정상 계산절차를 거치면 개찰구가 열리도록 한다. 최종결제 내역은 문자로 전송해주도록 한다.

무인점포의 보안시스템은 고객이 입장하는 순간부터 자동적으로 신분인증과 안면인식을 동시에 하도록 운영한다. 즉, 출입구는 출구와 입구가 동일하되, 지하철의 개찰구와 같이 안전바가 있어서 앱 확인이나 휴대폰번호 인증 후 안면인식을 통해 출입문이 열리는 형태로 시설되어야 한다.

안전바는 지하철에 설치된 기능처럼 한사람씩 나가도록 되어 있어서 경찰이 경보 후 현장에 도착하기까지 최대한 시간이 지체되도록 한다.

또한 보안시스템은 금융업체와 보안업체와 협업하여 업무영역을 분담하고 매장을 공동 관리하면 공동 이익상승과 원가절감이 가능할 것이다.

노령화된 도시나 인적이 드문 입지나 상권의 경우 우범지역이여서 야간 시간대에 인력난에 심각한 문제를 안고 있는 편의점의 경우 대면판매를 꺼리는 상품의 경우에는 무인점포의 대안이 될 수 있다. Lee (2011)는 자영업 매출과 소득의 결정요인으로 종업원 수가 긍정적 영향을 미친다는 것을 확인한 바가 있다.

[그림 9-1] System Architecture

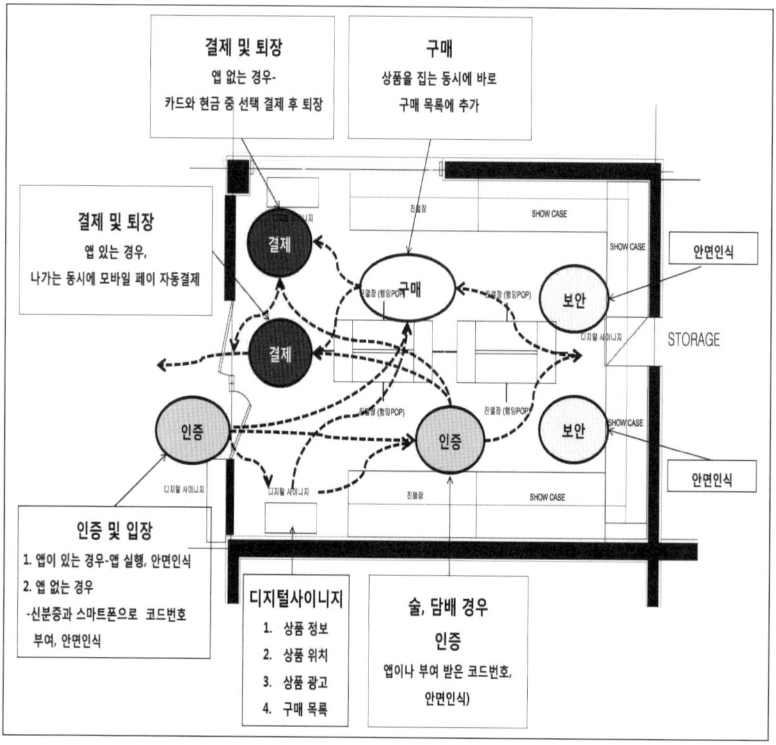

따라서 고객과 소통하며 상품을 이해하고 점포에서 쇼핑을 원활하게 할 수 있는 인공지능로봇에게 고객과의 소통을 기대하면 좋을 것이다. 그러나 이것은 현재 도입은 많은 비용부담이 있다. 따라서 무인점포 주변의 교통, 날씨, 간단한 대화, 농담, 매장 상품 정보, 상품 위치 정도에 대한 대답이 가능한 인공지능 기기라면 운영비 부담이 적을 것이다. 또한 디지털사이니지나 일반 POP를 적극적으로 활용함이 바람직하다. 특히 공간의 활용면에서 디지털 사이니지는 협소한 공간에서 활용도가 높을 것으로 예상된다.

그 외에 매장의 선택적 역할로는 프로모션과 기타서비스가 있으며 단순은행업무로 24시간 ATM기를 통하여 공과금 납부서비스를 제공할 수 있게 한다. 온오프라인 매장을 동시에 운영하면서 온라인 결제 후 오프라인 매장에서 상품을 구입 가능하도록 한다. 또한, 노령화된 지역은 집까지 주문한 상품을 배송하는 이동 무인점포 운영을 실시한다. 특히 도시락과 같은 간편 식사를 월별 혹은 주별 결재 후 원하는 일정 시간에 배송한다. 식재료는 유통단계를 줄여서 온라인 무인점포에서 생산자와 직접 거래하거나 1차 도매점과 연결된 온라인 무인점포에서 신선한 식재료를 집까지 바로 배송하는 시스템을 갖춘다.

2. 인테리어 영역

구조적 공간 중 매장의 인테리어는 밝고 따뜻하게 개선하도록 한다. 현재 무인점포의 경우 보안과 도난의 문제가 시속직으로 야기되고 있다. 따라서 감시카메라를 통해 보안업체에서 매장에서 일어나는 문제를 쉽게 인식할 수 있도록 밝은 조명을 사용하며 진열대에도 가급적 조명을 설치하여 상품 구분이 용이하도록 한다. 또한 창고를 필수적으로 내부 매장과 접하도록 위치시킨다. 음료코너의 경우 매장에서 고객이 직접 여닫을 수 있는 문이 있는 냉장실은 진열 겸 수납 적재가 동시에 되도록 한다.

진열집기의 경우 중앙집기는 선반형태인 양면형으로 사용하면서 가급적 진열 선반마다 직접조명기구를 설치하도록 한다. 벽장 진열집기는 선반형 냉장쇼케이스, 선반형 냉동쇼케이스를 설치하도록 한다. 매장관리와 진열 상품관리 업무는 최소화 될 수 있도록 C사의 U점과 같은 방식으로 슬라이딩 선반 진열대를 사용한다. 또한 판매원의 동선을 최소화하는 도면 설계와 계획도 이루어져야한다. 또한 선반 진열대는 상품 확인을 용이하게 하는 동시에 도난방지를 위하여 개별 선반마다 조명을 설치하도록 한다.

무인점포는 판매자의 상품과 매장에 대한 설명 없이 고객이 스스로 확인하고 인지해야 하므로 진열 상품과 연출상품의 높낮이에 변화를 주어 고객 스스로 쇼핑의 재미를 얻어 매장 안쪽까지 동선이 자연스럽게 이어지도록 유도해야한다.

실내의 전체 조명은 차갑고 밝은 직접조명보다 높은 조도를 유지하되 따뜻한 색의 램프를 사용해 온화하고 환한 분위기를 연출하도록 한다. 까페나 쇼룸 같은 공간을 구성할 경우는 고급스러운 분위기의 간접조명과 상품을 바로 비추는 직접 조명을 병행해 사용하도록 한다. 진열대 선반마다 가급적 조명을 설치하도록 하고, 정전을 대비하여 비상시 자동으로 켜지는 조명계획을 설계한다.

음향은 밝고 편안한 음악을 작게 틀도록 한다. 이것은 점포내에 센서를 이용하여 고객이 매장 안에 들어오는 동시에 작동되도록 하면 전기료와 운영비 영역에서도 유리할 것으로 보인다.

파사드는 브랜드를 쉽게 인식하도록 단순하게 하되, 브랜드의 칼라를 사용하여 출입구 상단에 브랜드로고를 삽입한 간판을 설치하도록 한다. 내외부 마감재가 동일한 스타일로 연출되도록 하고, 매장내부에 들어서도 브랜드로고가 벽부와 결제 기기 주변에 위치하도록 한다.

3. 디스플레이 영역

상품의 특성에 맞게 고객의 구매 패턴을 고려하여 고객의 선호 상품을 재방문 때 제안하거나 앱을 평소에 열었을 때 새 상품에 관한 정보를 제공해주면서 동시에 점포의 출입구 VP공간에 상품구성과 상품진열이 고객의 반복적 구매활동에 편리성을 제고하도록 해야 한다.

PP공간에는 각각의 분류된 상품을 벽 상단과 기둥부분에 주목성 있게 배치한다.

IP공간은 상품을 각 품목별 분류가 중요하며 비슷한 종류는 스타일 별, 디자인별, 색상별 배열을 하여 고객이 손쉽게 찾을 수 있도록 유도한다.

POP 중 디지털 사이니지에는 단순한 소통이 가능한 인공지능을 가미하여 음향과 영상을 복합적으로 가미한다면 고객과 소통하고 쇼핑의 즐거움을 주면서 동시에 무인점포의 전반적 이용과 상품 설명, 즉각적인 대응과 답변을 겸할 수 있는 판매자의 역할을 일부분 대신 할 수 있을 것이다.

제10장 학교 밀집지역 상권의 무인점포 모델 제안

1. 머천다이징 영역

학교 밀집지역 상권의 무인점포는 운영비 절감을 위해서 무인점포 O사 I점, 일반 유인편의점을 기준으로 30㎡ 내외의 매장 내부 면적을 제안하고자 한다.

학교 밀집지역 상권의 브랜드 아이덴티티는 신선함, 편리함, 간편함을 중심으로 설정하는 것이 좋겠다.

아마존은 편의성을 극대화하면 고객의 만족도 극대화 할 것이라는 컨셉을 가지고 아마존 고를 시장에 내놓았으나 1년여만의 고객의 반응조사에 의하면 인간미가 없고 판매원의 전문지식과 소통에서 느낄 수 있는 쇼핑의 즐거움이 부족했다는 연구보고가 있었다. 이후 아마존고는 신선식품 코너와 매장 이용법에 관한 직원을 상시 대기시키는 방안으로 대처하였다. 학교 밀집지역 상권의 무인점포는 앱 사용과 IOT사용의 불편함을 전혀 느끼지 않고 오히려 최대로 활용이 가능한 상권으로 앱을 활용한 포인트, 쿠폰과 함께 T-Money 사용과 현금 사용으로 결재방식을 단순화시키면서 영양가있는 신선식품과 간편 상품의 비중을 높이고 저렴하게 제공하면 편의성 높은 브랜드 아이덴티티가 실현될 수 있을 것이다. 질병관리본부에서 2018년 10월 6일 '청소년건강행태온라인조사 제13차(2017)' 결과 발표에 따르면, 중학교 1

학년부터 고등학교 3학년 학생 가운데 최근 일주일간 편의점 식품 등으로 식사를 대신한 적이 있다고 응답한 학생 비율은 65.3%였다. 청소년의 편의점 식사 빈도는 주 1~2회가 39.3%로 가장 높았고, 주 3~4회(17.4%), 주 5~6회(4.9%)가 뒤를 이었다. 매일 1끼 이상을 편의점 식품으로 때우는 학생은 2.6%, 매일 2회는 0.6%, 매일 3회 이상은 0.4%였다. 이와 같은 상황에서 학교 주변 상권에 입지할 경우는 식사대용으로 가능한 신선식품과 즉석식품을 다양화하고 선도유지 및 매장관리에 특히 신경을 써야할 것이다.

학교 밀집지역 상권의 무인점포는 자판기형태의 진열 판매를 실시한다. 현금 투입과 모바일 페이 병행이 가능하도록 한다.

학교 밀집지역 상권의 인증시스템은 스마트폰에 앱을 다운받아 출입구에서 앱을 켜면 자동으로 인증되고 GPS가 자동으로 작동한다. 앱이 없는 경우는 IC칩 학생증을 출입구에서 기기에 스캔하고 매장에 입장한다. 학생의 경우 앱을 다운받을 때는 학생증이나 신용카드를 스캔하여 미리 신분인증이 되어야 가능하다.

24시간 무휴로 무인점포가 학교 주변 상권에 입지할 경우는 상품구색에서 담배, 주류를 제외시킨다. 유인 운영을 병행할 경우에는 신분증을 확인하고 판매하도록 한다.

보안시스템은 최종 결제 없이 상품 포장에 손상 입히는 경우가 발생될 경우 즉각적으로 경보가 울리고 휴대폰에 빨간불이 표시되어 매장 내 고객과 주변 환경에 노출되도록 유도한다. 미결제 상품을 소지한 고객이 매장 밖으로 나갈 경우 앱이 있는 고객은 자동으로 결제되며 앱에 최종 결제내역이 저장되고 앱이 없는 고객이나 신분이 미확인 된 고객이 미결제 상품을 나갈 경우 출구가 폐쇄되고 경보가 울리도록 조작되어야 한다.

단순 판매만 하는 직원을 무인화 시키는 대신 그 인건비를 유통기한이 짧은 건강식에 집중하여 중앙운영팀에서 관리하고 신선식품이 나오는 시간을 온라인에서 실시간 확인 조회가 가능하도록 한다. 때에 따라 상권 분석과 고객 분석 이후 해당 무인점포에 맞는 영양사와 포장, 조리사 등이 근무하면서 편의점에서 품절여부를 빠르게 확인하여 절판되는 시간을 줄이고 빠른 배송과 진열로 상품관리를 하여 차별화시키도록 한다.

판매원을 최소화 혹은 무인화 하더라도 최소한 상품의 관리와 매장관리 인원은 채용해야한다. 그러기때문에 매장관리 방식은 지금의 방식을 유지하면서 인원만 줄여서는 안 된다. 즉, 즉석상품을 판매하는 프로모션이나 이벤트를 하는 경우에는 반드시 그 상황에 맞는 전문 직원을 단기 채용토록 한다.

2. 인테리어 영역

학교 밀집지역 상권의 무인점포는 작은 스툴 2~3개나 붙박이 의자는 가능하나, 테이블 공간은 구성하지 않는다. 공간을 최소화하여 작은 공간에도 최대한 많은 진열을 할 수 있고, 장시간 누적 고객을 줄이기 위함이다.

또한 벽, 천정의 마감재는 전체적으로 백색의 페인트에 브랜드칼라를 적용한 포인트를 색다른 마감재를 사용하거나 도색하여 산뜻한 분위기를 연출하고 바닥은 청소가 유리한 세라믹타일이나 견고한 P-Tile을 제안한다.

창과 문은 다른 지역상권과 마찬가지로 투명 강화유리로 하고, 시선 높이에서 실내가 외부에 최대한 많이 노출되도록 하며 케릭터나 브랜드의 케릭터나 시즌에 맞는 윈도우 시트 부착으로 트랜드에 맞는 이미지를 구축한다.조명은 밝고 따뜻한 조명을 사용한다. 특히 감시카메라의 시야를 차단하지 않도록 자판기내부는 진열 상품과 연출상품을 구분하기 좋도록 환하게 조성한다.

음향은 밝고 경쾌한 음악을 제공하도록 한다. 시기에 유행하는 음악을 함께 제공하면 더욱 효과적으로 보인다.

3. 디스플레이 영역

시즌별, 인기별, 트랜드별 상품을 관련상품군 진열대 전면에 배치한다. 진열대 전면은 온라인에서 이슈가 되는 상품, 계절상품, 인기순위 저힌 상품 등을 연출하고 주기별 관리는 본사에서 직접 관리가 가능해지도록 한다. 담배, 술을 무인 판매할 경우 미성년자 여부를 확인하기 위해 상품이 보여지는 별도의 유리문과 칸막이가 있는 쇼케이스에 진열하도록 한다.

상품 진열대 옆에는 작은 크기의 POP가 비치되어서 진열상품 품목을 보여준다. 무인점포의 상품은 입지에 따라 잡화의 비중이 높을 수 있다. 이러한 경우 쇼룸으로 5감을 자극하는 연출을 하여야 하고, 신상품 시연장소를 윈도우 앞쪽에 공간을 배치한다.

제11장 오피스 밀집지역 상권의 무인점포 모델 제안

1. 머천다이징 영역

오피스 밀집지역 상권의 무인점포는 주야간의 매출이 확연히 차이가 나서 야간 근무자 고용에 어려움이 있는 오피스텔 주변 회사, 사무실 밀집 지역 경우를 대상으로 한다. 운영비 절감을 위해서 무인점포 O사 I점, 일반 유인편의점을 기준으로 최소 30m² 에서 최대60m² 까지 위치에 따라 변동성 있는 매장 내부 면적을 제안하고자 한다.

오피스 밀집지역 상권의 무인점포는 휴식, 힐링, 업무효율성을 브랜드 아이덴티티로 선정한다. 상품판매 뿐 아니라 생활 플렛폼으로서의 역할을 겸하도록 한다. 오피스텔 주변 회사, 사무실 밀집 지역 경우 일반 유통점은 유동인구가 없는 저녁 시간에는 문을 일찍 닫는다. 하지만 시간이 없는 회사원들을 위한 무인점포 내에는 출력할 수 있는 인쇄기가 준비되어있고 공연이나 야구 등의 표를 예매할 수 있는 서비스를 준비한다.

소지하고 있는 스마트폰의 앱을 통하여 고객이 어느 상품 앞에 얼마나 머무는지, 어느 경로로 이동하는 지 등 위치 분석, 선호도 수집, 상품 정보의 알림, 별도의 담배와 술 진열 쇼케이스 개폐가 이루어지도록 한다. 상품별 QR코드나 바코드를 인식하고 동선 끝 안쪽 디지털사이지에서 광고영상을 클릭하면 매장 상품 레이아웃과 본인의 매장 내 위치확인이 가능하도록 한다.

인증시스템은 구체적으로 첫 방문일 경우는 출입구 전면에 설치된 디지털사이니지에 앱이나 IC칩이 부착된 신용카드를 가까이 대면 출입이 가능하도록 한다. 고객이 상품을 선택하면 앱이나 개인의 코드번호를 자동으로 읽어서 상품을 집어서 이동하는 순간 구매 상품목록에 올라가도록 구매 및 결재시스템을 구성한다. 본인의 구매목록은 스마트폰의 앱을 열어보거나 디지털사이니지에 자신의 코드번호를 접촉해도 구매 목록이 열람되도록 한다. 상품을 내려놓고 이동하면 자동적으로 상품목록에서 제외되도록 조작되어야 한다.

감시카메라는 CDMA무선통신기술을 적용한 무인 자동추적 카메라 시스템을 도입하여 현장 상황을 네크워크 상에서 실시간으로 모티터링하며 보안 감시가 가능하도록 한다. 이를 통해 비상상황이 발생할 경우 상황에 빠른 대응 및 처리가 신속하게 이루어지도록 해야 한다. 시스템 오류는 최대한 줄이기 위해서 비상시를 위한 비상벨이나 감시카메라를 보안시스템 업체에 의뢰하도록 제안한다.

오피스 밀집지역 상권의 무인점포는 유무인점포 형태를 지향한다. 고객이 많이 유입되는 점심시간이나 저녁시간에는 판매자가 있는 유인편의점이고 그 외 야간 시간은 무인점포가 되도록 한다.

프로모션과 기타 서비스 중 특히 오피스업무를 위한 서비스를 제공할 경우 복사, 출력 사무용 기기를 비치한다. 단순 금융 서비스로 편리하게 하고, 우편서비스도 24시간 가능하도록 한다. 배송 업무는 무인택배함을 편의점 외부에 설치 운영 할 수 있다.

2. 인테리어 영역

오피스 밀집지역 상권의 무인점포 휴게 공간은 캐노피, 조명기구를 설치하여 시각적으로 카페나 미팅룸와 같은 분위기를 넓게 마련하여 힐링 공간으로 활용할 수 있도록 한다. 또한 바닥, 벽, 천정의 마감재는 전체적으로 백색의 페인트에 천연 재료인 나무와 파벽돌 자체의 황색톤으로 온화하고 편안함을 유도하는 색조와 고급스럽고 청소가 유리한 세라믹타일을 제안한다.

벽체는 가급적 창과 문을 투명유리로 하여 시선 높이에서 실내가 외부에 최대한 많이 노출되도록 한다. 보안시스템을 철저히 관리한다고 해도 큰 비용을 들이지 않고도 매장 외부의 제 3자가 감시하는 효과를 얻도록 한다.

휴게공간, 사무기기가 배치된 공간, 판매공간은 중간문을 설치하여 분리해서 유인으로 판매할 경우는 모든 공간을 하나로 연결시키고, 무인으로 운영할 시간대에는 휴게공간, 사무기기가 배치된 공간을 차단하고 판매공간만 이용하도록 한다.

조명은 따뜻하고 온화한 조명을 설치한다.

음향은 힐링공간과 휴게공간에 어울리는 차분하고 부드러운 음악과 함께 경쾌하고 힘있는 음악도 함께 병행하여 사용하도록 한다.

파사드(전면외관)은 L사 L점과 같이 외부에서도 노출이 많이 되면서도 고급스럽고 세련된 외관을 연출하도록 한다.

3. 디스플레이 영역

유통기한관리는 각 상품별 유통기한 만료 1일전 운영자의 재고관리 리스트에 빨간색이 자동 표시되도록 해야 유통기한 관리가 용이해진다. 상품 물류는 고객과 상품에 관해 수집 된 내용을 바탕으로 상품 매입, 유통기한 관리, 총 매출관리로 물량 조절, 진열 상품 위치 선정해야 한다.

상품마다 생산 시 포장지에 인쇄되어있는 바코드를 활용하는 동시에 PB(Private Brand Product)상품의 경우 RFID칩을 활용한다. 상권정보와 고객 정보가 누적되어 즉석상품과 신선상품, 로컬 푸드 등 주기적으로 확인하고, 폐기할 상품과 매출이 좋은 상품을 신속히 재 진열 하는 등 고객 맞춤 상품 제시가 가능하도록 한다. 예를 들어서 즉석상품과 신선상품 등은 유통기한이 짧기 때문에 더욱더 신속하게 관리되어야 한다.

POP는 고객에서 상품의 정보를 쉽게 인식시키는 수단으로 구매시점 광고이다. 무인점포는 판매자를 대신하는 POP의 역할이 극대화되어야 한다. 매장 입구에는 출입 및 인증 방법을 설명하는 안내문이 있어야 한다. 매장 내부의 VP공간에는 시즌감 있는 이미지나 사진이 있는 POP나 행사 안내 POP가 눈에 띄는 크기로 배치되어야 한다. PP공간에는 진열된 상품 중에 호기심을 유도할 광고문안의 POP가 설치되어야 한다.

매장 내부 전체에는 천장이나 진열대 별 상품군의 이름이 적힌 POP가 행잉되거나 돌출되어 있어야 한다. IP공간에 진열된 개별상품에도 각각의 가격표가 비치되어야 한다. 할인행사하는 상품에는 별도의 색과 디자인으로 이루어진 POP가 반복적으로 제시되어야 한다. 일반적으로 종이나 천에 인쇄된 POP 이외에 디지털사이니지는 '전자POP'라고 할 수 있다. 디지털사이니지는 평면 디스플레이나 프로젝터 등의 영상이나 정보를 표시하는 광고 매체이다(위키백과, 2018).

POP의 역할은 통상적으로 상품 광고를 하고 정보를 제공하는데 무인점포에는 POP 중 일부분은 디지털사이니지를 설치하는 것이 바람직하겠다. 특히 출입구 부분, 입구 반대 정면 부분 중간 부분에 집중 배치해야 효과가 증대될 것이다. 무인점포 내부에 설치된 디지털사이니지는 결제가 가능한 것과 그렇지 않은 것으로 나누어 설치하는데, 결제가 가능한 디지털 사이니지는 출입구 부근에 설치하여 고객이 매장전체를 둘러보고 결제할 수 있도록 고객 동선을 길게 만들도록 유도한다. 결제 여부와 상관없는 디지털 사이니지는 공통적으로 상품 광고 뿐 아니라, 고객이 자신의 앱이나 신분확인 인증코드를 접촉하면 구매 목록이 뜨고, 상품의 코드를 접촉하면 상품 정보 등을 인식하게 해야 한다. 디지털 사이니지는 상품정보 이외에도 기업 홍보나 자사 이벤트, 영화정보, 뮤직비디오, 뉴스 등의 콘텐츠 제공해준다면 더욱 편리할 것이다.

제12장 미래 무인점포 전략과 한계점

1. 미래 무인점포의 전략 요약 및 시사점

이 책에서 목적은 해외와 국내의 무인점포의 운영 실태를 살펴보고 운영 시행 중 발생되는 효과와 문제점을 분석하여 비주얼머천다이징 관점에서 운영자와 이용고객에게 개선되고 유익할 수 있는 무인점포 운영 모델을 제시하고자 하였다. 이를 위해 해외사례와 국내 사례를 바탕으로 입지 상권에 따라 제시한 무인점포의 운영모델은 다음과 같다.

먼저, 초기 시스템 구축을 위한 높은 창업비용을 최소화하기 위해서는 상권 분석을 선행하여 입지에 맞는 크기와 매장 레이아웃을 모듈화 하고 진열상품 중 신선상품을 중앙운영팀이 관리한다. 또한, 금융업체와 보안업체와 협업하여 공동 관리하도록 제안하였다.

둘째, 일반 고객을 기본으로 노령층과 장애인 고객의 확보를 위해서는 카드사의 기존회원으로 신분인증과 보안절차를 줄이고 앱 소유 고객 뿐 아니라 신분증 스캔과 휴대폰 번호만으로도 이용이 가능하도록 한다. 현재 국내에서 사용되고 있는 제로페이의 확산이 유익할 것으로 보인다.

셋째, 고객 직접 결제방식은 고객 신뢰 의존도가 높기 때문에 앱 소유 고객의 경우는 입장해서 상품을 집어서 출구를 나가면 자동 결제되도록 단순화시킨다. 앱 소유 고객이 아닌 경우 첫 회 방문 시에만 신분증 스캔이 필요할 뿐 2회 이상 방문은 본인의 휴대폰 번호 입력 후 바로 입장이 가능하고, 최종결제 내역은 문자로 전송하도록 하여야 한다.

넷째, 커피숍과 같은 장시간 누적고객이 발생하지 않도록 테이블을 없애고 진열대를 최대한 많이 진열하는 방법을 제시하였다.

다섯째, 시스템 오류는 최대한 줄이기 위해서 비상시를 위한 비상벨 설치하고 보안을 위해 안면인식과 감시카메라를 설치한다. 또한 정보기술영역에서의 완성도가 높아야 한다. 안면인식기술, 상품인식과 결제 등의 정보기술이 완비되어야 한다.

여섯째, 직원과 고객의 소통 부족에서 오는 구매촉진과 상품홍보의 어려움은 디지털사이니지와 앱을 통한 광고와 소통으로 제안하였다. 이에 따라, 고객에 의해 의도된 상품로스나 판매소진 후의 상품 결손 등 문제를 해소하기 위한 기술적인 보완이 마련되어야 한다.

일곱째, 일자리 감소라는 부정적 문제는 계산하는 직원이 없을 뿐 영양사, 포장, 조리사 등 해당 무인점포를 차별화시키는 형태로 제시하였다. 이러한 것은 실제 편의점의 '무인화'에 집중하는 운영시스템이 아니라 향후 생활 밀착형 편의점으로서 '스마트 편의점' 형태의 운영시스템으로 변모하야 함을 의미한다. 즉 오피스 밀집 지역일 경우 졸업, 재직 증명서 등 각종 서류 출력과 복사, 팩스 업무가 가능한 기기를 비치하고 까페와 같은 분위기로 상담이 가능한 공간을 마련하는 것이 바람직하겠다. 1가구가 밀집된 지역에서는 택배, 은행, 우편 업무를 24시간 가능하도록 하고 힐링 공간으로서 휴식 혹은 간단한 게임이나 체험이 가능한 공간을 마련하는 것이 좋겠다.

무인점포가 성공하려면 이러한 사소한 문제점까지도 보완이 되어야 한다. 고객의 입장에서 일반 유인편의점보다 편리하지 않는다면 이용하지 않을 것이다. 특히, 초기 단계에서는 대기업 중심의 진출이 이루어져야 하는 규모의 경제가 요구되는 산업의 특징을 갖고 있다. 그렇기 때문에 경영자의 확고한 의지와 결단력이 있어야 성공할 것이다. 단기적인 손실을 두려워한다면 성공하기 쉽지 않을 것이다.

중앙운영팀에서 벗어나 점포주 입장에서 무인점포를 구축하고자 한다면 먼저 고객소비형태 파악하는데 게을러서는 안 된다. 상권에 맞는 상품 진열방법을 분석하고 진열방식도 새롭게 보완할 필요가 있다. 특히 쇼룸으로 5감을 자극하는 연출을 하여야 하고 신상품 시연장소 간단한 사무업무 장소로 활용되도록 구축하는 것도 중요하다. 또한 정부가 무인점포에 관련해 세무와 영업 허가서 등 명확한 규정을 정비하는 것이 필요하다. Jeo, Joung and Sim (2014)의 '물류수송을 위한 무인 시스템 기술동향' 연구에서 제시한 바와 같이 무인시스템은 보안 문제를 적절히 해결할 수 있기 때문에 산업과 경제적 이득을 가져올 수 있다. 그럼에도 불구하고 높은 고도에서 개인의 사생활을 촬영할 수 있기 때문에 사생활 침해문제가 발생하게 된다. 따라서 이에 따른 법적 근거를 마련해야 할 것이다.

2. 미래 무인점포의 한계 및 제언

이 책에서 무인점포 비주얼머천다이징에 대한 다양한 제안을 했음에도 불구하고 몇 가지 한계점이 있어 이 부분에 대해서는 향후 연구에서 보완되어야 할 것이다. 대표적으로 국내에 아직까지 시도되지 않은 분야의 연구이기 때문에 자료 수집과 문헌정보가 쉽지 않은 점을 들 수 있다. 그러나 해외에서는 무인점포가 시범운영에서 일반 고객이 이용하기까지 급속도로 진화하는 가운데, 문제와 오류 개선에 대한 정보가 빠르게 이루어지고 있어 지속적인 파악이 절실했다.

특히, 이 책은 기존의 문제점을 개선하여 국내에 적용하기 위한 운영모델이므로 향후 실제 적용 후 이에 대한 구체적인 연구가 이루어진다면 향후 소매유통업체와 국내 무인점포 발전에 더욱 보탬이 될 것으로 여긴다. 다만, 무인점포가 어느 수준까지 오르고, 어떤 범주까지 확장될 지에 관한 고려가 필요한 한계점이 있다.

현재 일반 편의점을 포함하여 유통업계의 중요한 마케팅이 되고 있는 비주얼머천다이징은 무인점포에서는 더욱 절실하게 요구되어지며 편의점의 장점을 가지고 일반 소매업태의 성공적 마케팅이 적용된 융합형의 비주얼머천다이징 형태가 요구된다. 이에 향후 무인점포의 운영시스템에 관한 연구를 위하여 제언을 하고자한다.

먼저, 점포간의 업태의 복합화, 다양화, 차별화가 발생하는 점을 고려할 때, 편의점 관리과정에서 점포의 성장주기에 따른 각

주기별 적합 모델 개발이 필요하다. 프랜차이즈 편의점의 경우, 소수의 가맹본부와 다수의 소규모 점포로 구성되어 있어 소규모 점포의 운영상황이 국가경제에 매우 큰 영향을 미칠 수 있다는 점을 고려되어야한다. 이러한 모델 제시와 점포 운영 및 관리 know-how의 개발과 공유는 내수 경제의 안정화에 대해 매우 중요한 역할을 할 수 있다는 점에서 정책적 지원이 필요하다. 특히, 개인 소매점의 경우 수명주기별 교육 과정 및 맞춤형 교재 개발의 공유와 편의점 운영 전반에 대한 세부 가이드라인의 구축을 통한 산업 기반경쟁력의 강화가 필요하다. 이를 통하여 문제 발생 시 가맹점주가 문제의 원인을 가이드라인을 통해 수시로 확인하고 해결방안을 찾을 수 있도록 하고, 신생 점포 운영 정상화를 위하여 우수 점포 운영 가맹점주의 노하우 전수를 위한 프로그램을 운영함이 바람직할 것이다.

둘째, 1인 가구 양적증가에도 불구하고 상권 내 복수점 출점에 대해서는 소상공인의 보호와 편의점업계의 과당경쟁을 방지를 위한 신규 출점 시 거리제한이 유지되어야 한다. 특히 골목상권 침해논란 요인이 1994년 지나친 출점으로 가맹점주가 고통받았던 일본의 경우를 답습해서는 안 되며 정부와 민간단체의 대안이 선행되어야 한다.

셋째, 공통적으로 무인점포 운영사는 점주 수익구조 개선으로 가맹점주의 이익 배분율을 현재보다 상향 조정할 필요가 있으며 입지 및 면적에 맞는 상품구성을 기획하여야 할 것이다. 그에 따라 상권에 맞추어 상품과 매장관리자의 투입 시간대를 조절하고 운영 효율성을 높이기 위한 집기형태와 창고 위치 등 공간이

짜임새 있게 조성되어야 한다. 또한 무인시스템 운영비용을 최소화 하는 반면 가맹점주에게는 심야 운영 선택이 가능하도록 하도록 한다.

사례분석 결과에 따라 타 소매업태에서 같은 상품을 구비하더라도 비주얼머천다이징으로 매출과 점포 운영의 성패가 결정되는 것을 감안한다면, 비주얼머천다이징에 입각한 무인점포의 상품과 매장 운영관리시스템을 재조명할 필요가 있다.

【참고 문헌】

Ahn, Y. K., Kim, H. G., & Lee, S. R. (2010). A Study about the Impacts of Firm's Innovation Competence on Management Performance: Focusing on the SME in the Medical Equipment Industry. Korean Journal of Business Administration, 23(4), 2305-2328.

Baek, I. S. (2006). Development Process and Its Strategy of Convenience Store in Korea Since 1990s. The Review of Business History, 12(2), 157-186.

Cho H. Y., Han S. H. & Yang H. C. (2014). The Impact of Traditional Market Properties and Relationship Quality on Customer Value : Approach from the viewpoint of the Means-end Chain Theory. Journal of Distribution Science, 12(1),13-19.

Choi, J. S. (2009). Malling craze a global village, More interesting than Disney Land. The Korean economy, 11.11.

Cho, S. G,, Kim, S. B,, Park, N. G., Ryu, J. S., Ahn, J. M,, Youn, M. K,, Lee, G. T., Han, H. Y.(2002). Distribution Information System. Seoul, Korea: Dounam.

Han, H. Y., (2002). Distribution Information System. Seoul. Korea: Dunam.

Jeo S. U, Joung Y. D., & Sim, H. C. (2014). Unmanned system technology trend for logistics transportation. Institute of Control, Robotics and Systems, 20(4), 27-36.

Jeon, J. O., and Park, H. H. (2005). A Study on the

Development of Fashion VMD Cognition Measurement Instrument. Journal of marketing management, 10(2), 117-139.

Jou, H. G. (2002). Electronic Money Related Laws. Journal of the Institute of Electronics Engineers of Korea, 29(11), 50-57.

Jou, Y. S., & Youn, M. K. (1998). Benchmarking of innovation distribution. Seoul: Dongin Publishing Company.

Jung, N. H., Kim, N. M., & Sung, I. S., (2006). A Study on Consumer"s Choice Factors for Retailer Shops : Focused on Traditional Market, Super Supermarket and Discount Store in Daejeon, Korea, Journal of Distribution Science, 4(2), 41-64.

Kang, S. Y. (2008). A Study on in Fashion Brand Flagship Stores Applied to the Formation Interior Design Expression Methods - Focusing Centering on the stylistic image characteristics. Korean institute of interior design journal.17(6), 92-101.

Park, M. H. & Kim G. H. (2003). Fashion Merchandising System in Dongdaemoon Shopping Mall, Journal of Human Environment and Art, 26(-)127-144.

Kim, C. N. (2016). Shopper-tainment, Change one's shopping culture. The chosun ilbo. 9. 12.

Kim, H. M., & Gang, H. M. (1995). A similar experimental study on the display effect of convenience stores. Marketing Research, 10(2), 123-134.

Kim J. I. & Kang H. S.(2012). Research and Strategy Development of Servicescape Model for the Construction of Store Identity-Focused on Cosmetic Brandshops. Korea Design Forum, 35(-), 277-289.

Kim, J. S., & Kim, Y. O. (2003). The review on running alternative of multi retailers in domestic entry, Journal of economics and business studies. 22, 157-179.

Kim, S. (2004). The visual environment factors of the store and the store types preferred by consumer traits. Journal of the Korean Society of Clothing and Textiles, 28(8), 1112-1120.

Kim, S. G. (1991). Theory of interior design. Seoul, Korea: Design news week.

Kim, S. S., Song, I. A., & Hwang, H. J. (2012). An Influence of VMD configuration factors of Coffee shops on Brand equity and Repurchase intention, Journal of Distribution Science, 10(11), 39-53

Kim Y. J. & Kang J. S. (1995). A similar experimental study on the display effect of convenience stores. Marketing Research, 10(2), 123-134.

Ko, Y. K., & Park, Y. R.(2016). Exploring the Medical Device Industry: A Historical Approach of Medison`s Competitive Growth Strategy. East and West Studies, 28(2), 5-29.

Kwon, O. C., Kim, J. S., Kim, P. J., Kim, P. J., Kim, H. S., Namkung, S., Park, Y., Park, C., Park, H., Youn, M. K. Hwang, J. H., Kim, H. C., & Kim, Y. O. (2007). A Note on the Unification on Retail Trade Terminology.

Journal of Distribution Science, 5(2), 5-16.

La, K. W. (2015). A Study on the implications of korean firms in accordance with the safety regulations and customs difficulties & import clearance of China' s medical equipment. Korea Research Society For Customs, 16(1), 23-46.

Lee, D. I.., Hyun, G. S., Lee, J. H., & Lee, H. J. (2014). The supporting policies for CVS operation. efficacy through CVS development simulation, 19(4). 117-137.

Lee, E. D., Lee, C. H., Kang, S. M., (2010). An Empirical Study on Locational Factors Affecting Convenience Store Sales, Real Estate Research, 16(4), 53-77.

Lee, H. G., & Chu, G. Y.(2017). Put on the same world leading with AR. VR. The Korean Economy, 2, 23-24.

Lee, H. J. (1995). Introduction to apparel merchandising. Seoul, Korea, Academic researcher.

Lee, H. J. (2015). Open a purse rather than a consumer enjoyment. The Hankyung Business Weekly, 8(19). 60-66.

Lee, I. S., (2011), An Analysis on Sales and Income of Self-Employment. The Korean Economic Review, 29(4), 103-140.

Lee, K. S. (1998) An Analysis of The Location of Convenience Stores in Kwangju-Si, Master dissertation, JyeonNam University, pp.12~36.

Lee, K. S., Cho, W. K., & Choi, W. (2010). An Exploratory Study on the Relationship between Interior Design and Store Image in Restaurant. Journal of Foodservice

Management, 13(2), 233-253.

Lee, M. S., & Song, K. J. (2009). The effects of VMD consciousness on importance of VMD components and clothing purchasing behaviors of university students. Journal of the Korean Society of Clothing and Textiles, 33(5), 721-731.

Lee, M. S. (2009). The effects of VMD components on consumers'store image and preference. Journal of Korean Living Science Association, 18(1), 247-257.

Lee, S. E. (2008). The Structural Relations according to the VMD of Clothes Stores and Brand Awareness - With a focus on emotional reaction, brand image and attitude and purchase intention" Doctoral Dissertation, Graduate School, Ewha Womans University.

Lee, S. E. & Im, S. J. (2008), Study on the effect of Visual merchandising. The Costume Culture Association, 16(5). 795-811.

Lee, S. Y. (2009). Theory of Trade Area Analysis. Seoul: Book Publishing Dunam.

Lee, S. J. (2008). A Study on the Voluntary Chain System of Small and Medium-Sized Retailers, Korea logistics research association inc, 18(4), 275-299.

Lee, Y., & Jeong, Y. S. (2015). The competitiveness study of Korea Medical Device Industry in China, International Commerce and Information Review, 17(3), 93-114.

Park, C. J. (2008). Distribution Principle for 21st Century Distribution System Design. Seoul, korea; Hyungseol

Publishing Company.

Park, J. Q. (2003). A Study on Spatial Characteristics of Convenience Store in Metropolitan Area : The Case of Daegu-City, Master dissertation, Gyeomyeong University.

Park K. A., & Jun B.(2012). Perceptions of Visual Merchandising in the Department Stores: The Employee versus Consumer Perspectives. Fashion & Textile Research Journal, 14(2), 222-229.

Park, M. H. & Kim G. H. (2003). Fashion Merchandising System in Dongdaemoon Shopping Mall, Journal of Human Environment and Art,26(-)127-144.

Park, M. J., and Lee, S. E. (2008). Study on the Influence of Visual Merchandising and Brand Recognition on Perceived Risk, Brand Image and Brand Loyalty. The Research Journal of the Costume Culture, 16(5), 826-840.

Ra, S. M., & Han, H. R. (2008). Research of POP and characteristic variation with an object production in display element : Focused on the local and foreign fashion lingerie stores. Korean institute of interior design journal, 10(3). 36-40.

Seo, J. H., & Youn, M. K. (2016). A Study on the Concepts and its Vision for Visual Merchandising in Korean Retail Shops. Journal of Distribution Science, 14, 153-160.

Seo J. H., Kim, H. K., Kim, J. J., & Youn, M. K. (2017). Brand Image and VMD Strategy of Sports Stores in Korea. Journal of Distribution Science, 15, 83-93.

Song, B. H. (2008). A Study on the Effect of the Foodservice

Consumer' attitude toward Visual Merchandising on their attitude toward Brands and Purchasing Intention : Comparative Study of Family Restaurants, Fast Food Stores, and Coffee Shops using the Fishbein' Model of Attitudes" Doctoral Dissertation, Graduate School, Sejong University.

Shim, Nak Hoon(2012), Visual merchandising & display, Seoul, Korea: Wooyong.

Shin, S., & Kim, H. (2002). A study on the VMD of female clothing store. The Research Journal of the Costume Culture, 10(6), 617-632.

So, S. R., Lee, H. J. (2009). The effect of Lifestyle-based VMD Selection Attributes on Customer Satisfaction. Study Case: Hotel Wedding Packages.

Suh, J. R., Kim, K., & Sohn, S. J. (2007). Six Sigma Project for Installation Cost Reduction in GE Healthcare Korea. Korean Journal of Accounting Research, 12(3), 311-334. Korea Hotel Resort Association, 8(2), 123-136.

Yim, D. H., Seo, G. S., & Kim, J. Y. (2013). 2013 Medical Device Industry Analysis Report. Seoul, Korea: KHID, 53-57.

Youn, M. K. (1997). Catching the center of distribution industry. Seoul, korea: Hankook Suhyup Publishing Department.

Youn, M. K., Kim, Y. O., Lee, M. K., & Nam, k, S. (2006). Domestic restrictions on theopening of retail stores. Journal of Distribution Science, 6(2), 1-17.

Youn, M.. K., & Kim, Y. O., (2017). Principles of

Distribution. Seoul, Korea: Dunam.

Amazon (2017). Introducing Amazon Go and the world' s most advanced shopping technology. Retrieved November 20, 2017 from https://www.amazon.com/b?node=16008589011.

Cha Y. M. (2018). An increasing number of convenience stores ... Benefiting from the security industry-Korea Investment & Securities, Retrieved December 1, 2018 from http://www.etoday.co.kr/news/section/newsview.php?idxno=1660524

Choi, J. H. (2018). Amazon Go, do you look like a 'futuristic store' yet?, Retrieved March 15, 2018 from https://news.samsung.com/kr/%EC%95%84%EB%A7%88%EC%A1%B4%EA%B3%A0-%EC%95%84%EC%A7%81-%EB%AF%B8%EB%9E%98%ED%98%95-%EC%83%81%EC%A0%90%EC%AF%A4%EC%9C%BC%EB%A1%9C-%EB%B3%B4%EC%9D%B4%EC%84%B8%EC%9A%94

Convenience store operation trend (2012) Retrieved May 30, 2018 from http://www.cvs.or.kr/Board/Board_List.php?DB=B_com7&Mode=View&Num=3&start=0&S=S&val=&Word=CU (2018). Retrieved May 25, 2018 from http://cu.bgfretail.com/brand_info/fresh_story.do?category=brand_info&depth2=2

CVS (2013). Retrieved October 10, 2017. from http://www.cvs.or.kr/

CVS (2018). Retrieved October 20, 2018. From http://www.cvs.or.kr/

Gilboa, S., and Rafaeli, A.(2003). Store environment, emotions and approach behavior. International Review of Retail, Distribution and Consumer Research, 13(2), 195-211.

GS25 (2018). Retrieved May 26, 2018 from http://gs25.gsretail.com/gscvs/ko/main

Heraldk (2016). Alpha high shock before ... Sweden unveiled its first ever uninhabited convenience store, Retrieved March 15, 2016 from http://heraldk.com /2016/03/15/ %EC%95%8C%ED%8C%8C%EA%B3%A0-%EC%B6%A9%EA%B2%A9-%EA%B0%80%EC%8B%9C%EA%B8%B0-%EC%A0%84%EC%97%90%EC%8A%A4%EC%9B%A8%EB%8D%B4-%EC%82%AC%EC%83%81-%EC%B2%AB-%EB%AC%B4%EC%9D%B8%ED%8E%B8%EC%9D%98/

Hicleaning.kr (2018). Retrieved October 15, 2016 from http://www.hicleaning.kr/02_sub/0206.asp?code=0016

Hoompluse(2018). Retrieved Auguest 15, 2018 from http://corporate.homeplus.co.kr/index.aspx

Jung, H. M. (2017). "China is getting old...there is a new opportunity to make money". Retrieved April 08, 2017 from http://news1.kr/articles/?2960714

Kang, G. J. (2018). China, uninhabited convenience store is not easy ~ technical error frequent, Retrieved November 20, 2017 from http://news.mt.co.kr/mtview. php?no=2018091713183163718

KCDC (2018). Retrieved October 10, 2018 from http://www.cdc.go.kr/CDC/info/CdcKrInfo0301.jsp?menuIds=HOME006-MNU3003-MNU2950-MNU2951&cid=140979

Kim, J. M. (2017). China Unmanned Convenience Stores in Japan - Speeding up the trial service in Korea, From Retrieved October 12, http://www.newsis.com/view/?id=NISX20171011_0000114505

Kim, Y. J. (2017). "No People to Work" Japan's Unmanned Convenience Stores and Unmanned Delivery Cars Realize. Retrieved November 20, 2017 from http://www.asiatoday.co.kr/view.php?key=20170418010011033

Kita (2017). Retrieved August 14, 2017 from http://www.kita.net/trade/global/overmarketing/05/index.jsp?sCmd=VIEW_CHINA&nPostIndex=15876&nPage=9&curno=24245

Korea Association of Convenience Stores(2012). "CVS Operation Trend" ,The Report of Korea Association of Convenience stores.

Korea Association of Convenience Stores, (2013), "Conflict Analysis between CVS Headquarters and Franchise and Win-Win strategy," The Report of Korea Association of Convenience stores.

KOLSA (2018). Retrieved October 10, 2017 from http://www.kolsa.or.kr/neopress/index.php

KOTRA (2018). Retrieved October 01, 2018 from http://www.kotra.or.kr/kh/main/KHMIUI010M.html

Lee. H. S., (2018). An uninhabited store that evolves...All shopping with one password, Retrieved September 20, 2018 from http://www.sisajournal.com/journal/article/177561

Lee, J. Y. (2017). Present of smart unmanned convenience store in China : Bingobox.. Retrieved Jun 22, 2017 from https://medium.com/one-asia/China-Cuttingedge-unmanned-Convenience-bingobox-3c39842abbc8

Lotte Center for Future strategies (2016). Form domestic retail market forecast analysis, 2016.

MFDS (2017). Medical Device Exports Status by Year: 2005 - 2016. Retrieved July 20, 2017 from http://www.mfds.go.kr/index.do?mid=1579&area=06

Newdle365 (2017). Retrieved October 20, 2017 from http://www.newdle365.com

Nikkei Asian Review (2018). Retrieved September 17, 2018 from https://asia.nikkei.com/

Park, W. E. (2017). Convenience stores without counter and department stores without carts···The 'unmanned service' era has become more common in the distribution industry, Retrieved December 07, 2016 from http://m.biz.chosun.com/svc/article.html?contid=2016120701250.

Pressreader (2018) Retrieved Auguest 15, 2018 from https://www.pressreader.com/china/china-korean/20170808/282321090123988

Sedaily (2017). http://www.sedaily.com/NewsView/1OFVSGCT0K

Seven-eleven (2018). Retrieved May 15, 2018 from http://www.7-eleven.co.kr/

Small Enterprise's Yard (2018). Retrieved May 25, 2018 from http://www.sbiz.or.kr/nas/store/excelnas/nasExcelNasList,1,list1,3.jsp

Sim, G. H. (1998). [Overseas Technology Trends] Japan goes ahead with networking of vending machines. Retrieved February 17, 1998 from http://www.etnews.com/199802170050.

Son, D. H. (2017). Mergers and Acquisitions in Japan's Convenience Stores... What is the breakthrough at Lawson convenience store?, Retrieved March 15, 2017 from http://biz.chosun.com/site/data/html_dir/2017/03/13/2017031302142.html

The Reseller Network (2016). Types of Retailers. The Reseller Network Ltd, Retrieved May 30, 2016 from http://www.the-reseller- network.com/content/ 88/types-of-retailers/

Toffler, A., & Toffler, H. (2006). Revolutionary wealth. Crown Business.

Vieworks (2017). Multi-purpose Portable Flat Panel Detector for Digital Radiography. Retrieved May 21, 2017 from http://www.vieworks.com/product.html?pid=55

WAWA, Pa. (2017). Wawa Mobile Ordering Now Available to All Rewards Members. Retrieved May 17, 2017 from http://www.csnews.com/industry-news-and-trends/technology/wawa-mobile-ordering-now-available-all-rewards-members

Wikipedia (2018). Retrieved January 30, 2018 from https://ko.wikipedia.org/wiki/%EC%A0%84%EC%9E%90_%EA%B0%84%ED%8C%90

wikipedia. (2018). Retrieved January 30, 2018 from https://ko.wikipedia.org/wiki/%EC%8B%A0%EB%A6%BC%EB%8F%99

Woori cooparation, (2018) Retrieved Auguest 15, 2018 from http://www.wooricoop.com/company/introduce/info

Youn, S. Y. (2017). '24 hours of hard work' .. Japan, late night 'uninhabited convenience store' appeared. Retrieved December 11, 2017 from http://v.media.daum.net/v/20171210210734975?f=m&rcmd=rn

You, S. M (2018). Unattended stores are coming in. Retrieved April 26, 2018 from https://www.sciencetimes.co.kr/?news=%EB%AC%B4%EC%9D%B8%EC%A0%90%ED%8F%AC%EA%B0%80-%EB%AA%B0%EB%A0%A4%EC%98%A8%EB%8B%A4

AMA (1960). *Definition of Marketing*. Chicago, IL: The Committee on Definitions of the AMA.

Alexander. R. S. (1964). *Marketing Definitions*. Chicago, IL: American Marketing Association

Berman, B., Evans, J. R., & Chatterjee, P. (1995). Retail management: a strategic approach. Pearson Education India.

Bolen, W. H. (1982). *Contemporary Retailing* (2nd ed.). Englewood Cliffs, N.J.: Prentice-Hall.

Cox, K. (1964). The responsiveness of food sales to shelf space changes in supermarkets. Journal of Marketing Research, 12(1), 63-67.

Curhan, R. C. (1972). The relationship between shelf space and unit sales in supermarkets. Journal of Marketing Research, 12(1), 406-412.

Davies, B., & Ward, P. (2005). Exploring the connections between visual merchandising and retail branding. International Journal of Retail & Distribution Management, 33(7), 505-513.

Evans, J. R., & Berman, B. (2013). *Retail Management: A Strategic Approach* (Twelfth Edition). Upper Saddle River, New Jersey: Pearson Prentice Hall.

Govindan, K., Jha, P. C., & Garg, K. (2016). Product recovery optimization in closed-loop supply chain to improve sustainability in manufacturing. International Journal of Production Research, 54(5). 1463-1486.

Hubbard, C. W.(1969). The shelving of increased sales. Journal of Retailing, 45(4), 75-84.

Kerfoot, S., Davies, B., & Ward, P. (2003). Visual merchandising and the creation of discernible retail brands. International Journal of Retail & Distribution Management, 31(3), 143-152.

Markin, R. J. (1971). The Retailer in the Vertical Marketing Network. *University of Washington Business Review*, 30, 39-44.

Omar, O. (1999). Retail Marketing (London: Financial Times/Pitman). Google Scholar.

Rosenbloom, B. (1981). *Retail Marketing*. New York: Random House.

Rosenbaum, M. S.(2005). The Symbolic Servicescape, Your Kind is Welcomed Here, Journal of Consumer Behaviour, 4(4), 257-267.

Rosenbaum, M. S. & Massiaiah, C.(2011). An expanded Servicescape Perspective, Journal of Service management, 22(4), 471-490.

Turley, L. W. & Milliman, R. E. (2000). Atmospheric Effects on Shopping Behavior: A Review of the Experimental Evidence. Tournal of Business Reserch, 49, 193-211.

【저자소개】

■ 서 정 화

성남에서 태어나서 현재 마켓디자인대표로 재직중이며, 삼육대학교 경영학과 외래강사로 활동하고 있다. 이전에는 마켓디자인협동조합 이사장으로 재직한 바 있다. 디자인전공 학사과정과 경영학석사, 그리고 국내 최초로 비주얼머천다이징 관점에서 무인점포에 관한 이학박사 학위를 받은바 있다.
현재 대외 활동으로 중소벤처기업부 소상공인시장진흥공단 강사, 서울시 밤도깨비야시장 VMD 푸드트럭 심사위원, 서울시 농수산식품공사 가락노점협의체 위원, 성남시 평가위원회 위원, 부여 상권활성화재단 전문위원으로 활동 중이다. 또한, 성남점포대학 책임교수, 소상공인시장진흥공단 책임교수를 역임한 바 있다.

저서: 실무자를 위한 유통마케팅 외 1권
논문 : 한국 소매점의 비주얼 머천다이징에 대한 개념정립과 비전에 관한 연구 외 SCI급 포함하여 10여 편

비주얼머천다이징 시대의 무인점포

초판 발행 : 2019년 7월 5일

저　자 : 서정화
발행처 : 비즈프레스
발행인 : 추일재

출판등록 : 제324-2006-0044호
주　소 : 서울시 강동구 천호동 359-23
연락처 : 010-3300-8981
E-mail : bizpress@hanmail.net

ISBN 978-89-92730--51-4 (93320)